Ludolf Schwenkow

Kritische Betrachtung der lateinisch geschriebenen Quellen zur Geschichte der Eroberung Spaniens durch die Araber

Ludolf Schwenkow

Kritische Betrachtung der lateinisch geschriebenen Quellen zur Geschichte der Eroberung Spaniens durch die Araber

ISBN/EAN: 9783743489226

Hergestellt in Europa, USA, Kanada, Australien, Japan

Cover: Foto ©ninafisch / pixelio.de

Manufactured and distributed by brebook publishing software (www.brebook.com)

Ludolf Schwenkow

Kritische Betrachtung der lateinisch geschriebenen Quellen zur Geschichte der Eroberung Spaniens durch die Araber

Kritische Betrachtung der lateinisch geschriebenen Quellen zur Geschichte der Eroberung Spaniens durch die Araber.

Inaugural-Dissertation

zur

Erlangung der Doktorwürde,

vorgelegt der

hohen philosophischen Fakultät der Georg-Augusts-Universität in Göttingen

von

Ludolf Schwenkow

aus Göttingen

Celle

Druck von W. Grofsgebauer

1894.

Tag der mündlichen Prüfung: 7. Mai 1894.

Referent: Herr Prof. Dr. L. Weiland.

Meinen Eltern.

Um Isidor von Sevilla, jenen grofsen Encyklopädisten der Westgoten, gruppieren sich eine Reihe westgotischer Geschichtschreiber, deren Werke auf uns gekommen sind. Etwa fünfzig Jahre vor Isidor schrieb Johannes von Biclaro sein kurzes, aber zuverlässiges Chronicon als Fortsetzung zur Chronik des Viktor von Tununa. Bald nach Isidor von Sevilla schrieb Julian von Toledo in klassischem Latein eine historia Wambae regis, eine bedeutende historiographische Leistung. Kurz nach Julian unterlag das Westgotenreich dem Ansturm der Araber. Im Jahre 711 fiel in der Schlacht bei Xerez der letzte Gotenkönig. Glücklicherweise haben sich unter der Menge der späteren arabischen Nachrichten, die diese Zeit behandeln, auch zwei lateinische Berichte über die arabische Eroberung erhalten.

Es sind dies eine sog. continuatio Johannis Biclariensis, deren Autor unbekannt ist, und eine Chronik, welche die Überlieferung dem Isidor, Bischof von Beja (Isidorus Pacensis), zuschreibt. Diese beiden Chroniken sollen den Gegenstand der folgenden Untersuchung bilden. Von Nichtarabern inmitten der arabischen Herrschaft bald nach dem Sturze des Westgotenreiches geschrieben, sind sie trotz ihres bösen Lateins doch von hohem historischen Interesse und wohl wert, dafs ihre Nachrichten mit Achtung behandelt werden, zumal diese oft ein ganz anderes Antlitz zeigen als die der späteren arabischen Überlieferung.

Trotzdem haben diese Chroniken die Achtung, die ihnen gebührt, nicht gefunden. Während man die continuatio so gut wie ganz ignorierte, hat man zwar den Isidor oft genug ediert, aber seinen Nachrichten doch stets die der Araber vorgezogen. Ranke ist der erste, der in seiner Weltgeschichte (V, 1, 211 ff und 2, 281--91) die Nachrichten unserer beiden Chroniken über den Sturz des Westgotenreiches seiner Darstellung zu Grunde gelegt und in einem Exkurse sowohl auf ihre

Bedeutung als auch darauf aufmerksam gemacht hat, dafs sie von einander abhängig sein müssen. Ranke hat das Verdienst, hier auf die continuatio als die ältere der beiden Chroniken gebührend hingewiesen zu haben. Seine Skizze will den Leser lediglich im allgemeinen über die beiden Werke orientieren, sie ist deshalb weder eindringend noch erschöpfend und giebt ihre Behauptungen ohne Begründung. Ranke hat daher im einzelnen manches übersehen und auch wohl in manchem geirrt, jedenfalls hat er aber in dem wesentlichsten Punkte das Richtige getroffen, er erkennt der continuatio unbedingt die Priorität zu.

Gemäfs der Berücksichtigung, die die beiden Chroniken gefunden haben, sind sie auch ediert. Die continuatio ist nur ein einziges Mal, von Florez in seiner España sagrada tom. VI. im Jahre 1751 herausgegeben. Der Isidorus Pacensis dagegen ist öfters ediert, stets von Spaniern, so von Berganza, Sandoval und 1752 von Florez (Esp. sagr. VIII).*) Auch in dem grofsen Sammelwerke von Migne findet sich ein Abdruck. Im Jahre 1885 ist diese Chronik von einem Franzosen, Père Tailhan de la compagnie de Jésus, neu ediert worden unter dem Titel „Anonyme de Cordoue, chronique rimée des derniers rois de Tolède". Es ist dies eine glänzende, äufserlich prächtig ausgestattete Ausgabe in Grofsfolio, die nicht nur den Text giebt, sondern in Vorreden, Noten und Exkursen zahlreiche Untersuchungen und als Beilage zwei in Heliographie faksimilierte Handschriften des Isidor darbietet. Gewidmet ist sie dem letzten Gotenkönige Roderich, der sich überhaupt der ganz besonderen Gunst des Père Tailhan erfreut. Leider hält diese Ausgabe nicht, was sie verspricht. Die ganze Untersuchung, die, mit einem geistlichen Firnis versehen, an Stelle kritischer Forschung oft panegyrische Suade setzt, läfst viel zu wünschen übrig und geht von der unhaltbaren Voraussetzung aus, dafs die Chronik des Isidor das Original und die continuatio ein aus jener Chronik entnommenes Excerpt sei. Wir werden uns mit Tailhans Arbeit viel zu beschäftigen haben.

---

*) Pertz scheint eine neue Ausgabe des Isidorus Pacensis geplant zu haben, denn in dem Monatsberichte der Kgl. preufs. Akad. d. Wisssch. z. Berlin vom März 1875 heifst es im Protokolle der Sitzung der philos.-histor. Klasse vom 1. März: „Herr Pertz las über die neue Ausgabe der Chronik des Bischofs Isidor von Reza (Pacensis)." Reza wird aus Beza (Beja) verdruckt sein.

Teil I.
Die sog. continuatio Johannis Biclariensis.

§ 1. Der Text der sog. continuatio Joh. Bicl.

Die unter dem Namen continuatio Johannis Biclariensis*) gehende Chronik umfaſst den Zeitraum vom Tode des Westgoten Rekkared I. bis zur Thronbesteigung des Chalifen Hischâm**) (d. h. den Zeitraum von 610 bis 724). In der Gestalt, wie diese Chronik uns jetzt vorliegt (Florez Esp. sagr. VI, 422 ff.), wird Geschichte der Westgoten, der Byzantiner und der Araber darin erzählt.

Eine fortlaufende Geschichtsdarstellung wird uns nur von den Arabern gegeben. Die westgotischen Nachrichten enthalten nicht viel mehr als Namen und Regierungsjahre der Könige. Ähnlich steht es mit den byzantinischen Nachrichten, nur sind diese insofern wichtiger, als sie das Gerippe der Darstellung bilden. Die byzantinischen Kaiserdaten, mit der laufenden Zahl der römischen Kaiser versehen, sind gleichsam die Überschriften für die einzelnen Abteilungen der Chronik.

Diese sog. continuatio Johannis Biclariensis hat ursprünglich eine andere Form gehabt. So, wie sie uns jetzt vorliegt, bietet sie nur eine spätere Überarbeitung des ursprünglichen Kernes.

Dies ergiebt sich mit Sicherheit aus folgenden Beobachtungen.

I. Wie wir deutlich sehen, haben die byzantinischen Kaiserdaten das Skelett der Darstellung gebildet. Die Ereignisse werden nach den Jahren der byzantinischen Kaiser datiert (Con. 12 u. 42), wenigstens unter ihre Regierungen gruppiert. Es ist demnach anzunehmen, daſs, ebenso wie die anderen Partieen der Chronik die Notiz über einen byzantinischen Kaiser an der Spitze tragen, dies auch bei dem ersten Teile der Fall gewesen ist. Dann aber kann die Notiz, mit welcher jetzt der Con. beginnt, nicht ursprünglich den Anfang gebildet haben.

---

*) Der Einfachheit wegen werden wir die sog. continuatio Johannis Biclariensis mit Con. (continuator) und die Chronik des Isidorus Pacensis mit Pac. (Pacensis) bezeichnen, obwohl, wie wir nachweisen werden, die traditionellen Benennungen beider Chroniken falsch sind. Citiert wird in der Arbeit nach den Kapiteln der Florez-Ausgabe.

**) In der Schreibung der arabischen Eigennamen folge ich der von F. Wüstenfeld in seinen Arbeiten angewandten Transkription.

II. Die westgotischen Nachrichten unserer Chronik teilen sich hinsichtlich ihrer handschriftlichen Bezeugung in zwei Gruppen. Die erste (Con. 1—3, 5, 9, 13) ist durch die Codices bezeugt, die zweite (Con. 16, 17, 19, 21, 24, 26, 30, 32, 35, 39, 43) nicht. Nach Florez Esp. sagr. VI, 419 ff. existieren für den Con. zwei Handschriften, eine, die den Namen des Perez, und eine, die den des Mariana trägt. Die letztere ist entnommen ex codice gotico vetusto Soriense, der nicht mehr vorhanden und wahrscheinlich beim Brande des Escorial zu Grunde gegangen ist. Beide Handschriften haben diese zweite Hälfte der Gotennachrichten nicht. Mariana hat sie in seinen Codex erst mit eigener Hand eingefügt. Deshalb sind wir berechtigt, die Authenticität dieser zweiten Partie der Gotennachrichten zu bezweifeln.

III. Die ganze Stellung dieser zweiten Reihe der Gotennachrichten im Con. ist verdächtig. Sie unterbrechen oft in störender Weise den Zusammenhang (Con. 16, 17 und besonders 19, wo die Gotennachricht zwischen das Subjekt und den davon abhängigen Relativsatz tritt). Sie stehen jedesmal vor oder nach dem Byzantinerdatum, so dafs sie ganz unvermittelt die Abschnitte der laufenden Erzählung abschliefsen oder beginnen. Dazu sind die Nachrichten oft doppelt (Con. 17, 19, 39). Kurz Charakter und Stellung sprechen gegen ihre Originalität.

IV. In Con. 45 wird neben anderen unter Wallds Herrschaft vollführten arabischen Kriegsthaten auch die Zerstörung des Westgotenreiches angeführt. Die ganze Art, wie hier des Gotenreiches Erwähnung geschieht, verrät, dafs mit dem regnum Gotorum antiqua soliditate firmatum eine ganz neue Gröfse eingeführt wird, die bisher dem Erzählungsgebiete des Autors fern geblieben ist. Wenn der Schreiber dieser Worte auch die früheren Notizen über die gotischen Könige niedergeschrieben hätte, so würde er das Ereignis des Unterganges des Westgotenreiches mit ganz anderen Worten geschildert haben.

V. Diese zweite Partie von Gotennachrichten stammt aus Isidorus Pacensis. Florez hat das geleugnet,*) Tailhan widerspricht

*) Florez leugnet die Abhängigkeit von Pac., weil die Chronologie in den Interpolationen des Mariana eine andere sei. Doch auch sie ist im Grunde dieselbe. So stimmen Anfangsjahr (Sisenandus 669) und Endjahr (Roderich 749) überein, ebenso die Regierungsjahre der einzelnen Herrscher. Dafs die Vergleichsdaten nach den Chalifen bei Mariana völlig andere sind, erklärt sich daraus, dafs Mariana diese aus den arabischen Schriftstellern entnommen hat.

ihm mit vollem Rechte. Die folgende Zusammenstellung beweist die Abhängigkeit zur Evidenz:

Con.	Pac.
16. Sisenandus per tyrannidem regnum Gothorum invasit.	9. Sisenandus .... per tyrannidem regno Gothorum invaso ....
17. Chintila Gothis praeficitur.	10. Chintila .... Gothis praoficitur.
21. Tulga Gothorum regno suscepto regnat	11. Tulgas .... regno suscepto principatur ....
26. Chindus Reccesvindum filium suum regno Gothorum proponit.	15. Chindasvinthus Reccesvinthum .... filium suum regno Gothorum proponit.
32. Gothorum creatus in regno Ervigius regnat	23. Gothorum Ervigius consecratus in regno regnat ....
39. Egica in consortio regni Witizanem filium sibi haeredem regni facit.	29. Egica in consortio regni Witizanem filium sibi haeredem faciens ....
43. Rudericus furtim magis quam virtute Gothorum invadit regnum anno I. nam adgregata copia exercituum adversus Arabes diu sibi provinciam creditam incursione vastantes adgreditur; atque tali conflictu et praelio moritur.	34. Rudericus tumultuose regnum .... invadit. regnat anno uno: nam adgregata copia exercitus adversus Arabes una cum Mauris .... diu sibi provinciam creditam incursantibus .... sese cum eis confligendo recepit: eoque praelio .... cecidit.

Die Abhängigkeit dieser Nachrichten von einander liegt auf der Hand. Mariana hat seinen Codex des Con. durch diese aus Pac. entlehnten Stücke vervollständigen wollen.

VI. Ist es somit sicher, daſs diese zweite Partie der Gotennachrichten spätere Interpolation ist, so muſs es auffallen, daſs der Autor in seinem ursprünglichen Werke nach dem Könige Suinthila plötzlich die westgotischen Nachrichten abbricht. Für diesen Umstand läſst sich kein hinreichender Grund anführen. Weshalb soll ein Autor, der bisher auch die Westgoten in den Bereich seiner Darstellung gezogen hat, so plötzlich diese bei Seite lassen? Das erklärt sich nur, wenn wir annehmen, daſs der Schreiber dieser ersten Gotennachrichten und der Verfasser der übrigen Chronik nicht ein und dieselbe Person sind, mit anderen Worten, daſs auch diese ersten Gotenstücke nicht ursprünglich zum Con. gehört haben.

VII. Wenn wir ferner sehen, daſs diese ganze erste Hälfte der Gotennachrichten fast wörtlich aus der historia Gotorum des Isidor von Sevilla entnommen ist, und wir hingegen sonst in der ganzen Chronik absolut keinen spanischen Einfluſs verspüren, so sind wir dazu berechtigt, die erste Hälfte der Gotennachrichten ebenfalls als eine spätere Interpolation, die mit dem ursprünglichen Texte nichts zu thun hat, zu streichen. Jetzt haben wir die ursprüngliche Gestalt unserer Chronik wiederhergestellt. Selbst das ursprüngliche Schema des Autors ist wieder zu Tage getreten. Die Regierungsdaten des Phokas eröffnen das Werk. Die von allem späteren Zusatz gereinigte Chronik bietet sich uns dar als eine in den Rahmen der byzantinischen Kaiserdaten eingeschlossene Geschichte der Araber, resp. des Islam von seinem Entstehen bis zur Thronbesteigung des Chalifen Hischâm, die ungefähr gerade die ersten hundert Jahre der Bekenner des Muhammed umfaſst.

Diese ursprüngliche Chronik hat eine zweifache Wandlung durchgemacht, bis sie die Gestalt erhielt, in der sie uns jetzt vorliegt. Dieser litterarische Prozeſs läſst sich noch mit völliger Klarheit nachweisen. Die erste Hälfte der Gotennachrichten ist, wie schon bemerkt, aus der historia Gotorum des Isidor von Sevilla entnommen. Die folgende Vergleichung beweist das:

Con.	Isid. Sevill.
2. aera 639. post Reccaredum Liuva filius ejus, ignobili siquidem matre progenitus, Gothis praeficitur: manetque in regno annis duobus.	aera 639 .... post Reccaredum regem Liuva filius ejus annis duobus ignobili quidem matre progenitus ....
3. aera 641. Witericus regnum, quod a Liuvane tyrannice invaserat, sibi vindicat annis septem. nam quia gladio operatus fuit, gladio periit, mors quippe innocentis Liuvanis, filii Reccaredi, inulta in illo non fuit: inter epulas enim prandii a suis est interfectus.	Quem .... Witericus, sumpta tyrannide, innocuum regno dejecit .... aera 641 .... Witericus regnum, quod vivente illo invaserat, vindicat annis septem .... in morte autem, qui gladio operatus fuerat, gladio periit, mors quippe innocentis inulta in illo non fuit: inter epulas enim prandii .... est interfectus.
5. aera 648. Gundemarus post Witericum Gothorum in regno praeficitur annis duobus.	aera 648 .... Gundemarus post Witericum regnat annis duobus.
9. aera 650. Sisebutus in Gothis regali fastigio evocatur. regnat annis octo.	aera 650 .... Sisebutus post Gundemarum ad regale fastigium evocatur: regnat annis octo.
13. aera 658. Suinthila in regno Gothorum digna gubernacula suscepit sceptra.	aera 659 .... Suinthila gratia divina regni suscepit sceptra.

Diese Isidor von Sevilla entlehnten Nachrichten sind eingefügt, resp. an die Spitze gesetzt, um so eine Verbindung mit der Chronik des Johannes von Biclaro herzustellen. Das ist der Zweck; daſs es nicht das Interesse an den gotischen Nachrichten ist, verrät einmal das plötzliche Abbrechen bei Suinthila und sodann der Charakter dieser Nachrichten. Der ursprüngliche Verfasser begann mit dem jetzigen Kap. 4. Deshalb sind nur die beiden Verbindungskapitel 2 und 3 etwas ausführlich. Bei den drei anderen Herrschern, die der Interpolator in das feste Gefüge einsetzt (Con. 5, 9, 13), genügt ihm ein kurzer Vermerk, und den nimmt er noch dazu fast wörtlich aus Isidor. Er schreibt die Notizen eben noch einmal nieder, weil Isidor sie auch hat. Dieser schließt bei Suinthila, folglich hört auch hier der Interpolator auf.

Dieser Interpolator, der den Con. mit der ersten Hälfte der Gotennachrichten versehen hat, ist entschieden ein Spanier. Dafür spricht, daß er an die vom Spanier Johannes von Biclaro abgefaßte Chronik anschließt, daß er westgotische Nachrichten interpoliert, daß er diese aus Isidor von Sevilla excerpiert, daß er das Werk des Con. in der ersten Partie, soweit er interpoliert, mit spanischer Chronologie versieht. Der Con. in seiner Urgestalt war ohne die spanische Chronologie. Sehen wir von der ersten Interpolation ab, so tragen von Kap. 14 an nur noch die gotischen Nachrichten (d. h. die des zweiten Interpolators) spanische Ärenzahlen. Nur Kap. 23 bringt merkwürdiger Weise die byzantinische Notiz noch mit einer solchen Zahl. Entweder ist sie aus einem für uns unerklärlichen Grunde vom ersten Interpolator schon hinzugesetzt, oder sie ist durch irgend einen Abschreiber hinzugefügt worden, jedenfalls aber vor der zweiten Interpolation durch Mariana, denn die Ziffer stand schon im Perezcodex. Daß die Chronologie späterer Zusatz ist, für die erste Partie der Gotennachrichten vom ersten Interpolator, für die zweite von Mariana, ist außer Zweifel. Der eigentliche Kern der Chronik, die byzantinisch-arabische Geschichte, ist vom ursprünglichen Verfasser nicht mit spanischen Ärenzahlen versehen worden.

Aus dem Resultat, daß die Anfangskapitel des Con. späterer Zusatz sind, folgt, daß der Name „continuatio Johannis Biclariensis" für die Urgestalt unserer Chronik ganz unpassend ist. Diese war ein selbständiges Geschichtswerk über die ersten hundert Jahre des Islam. Erst der spanische Bearbeiter hat sie durch seine gotischen Zusätze am Anfang der Chronik mechanisch zu einer Fortsetzung der Chronik des Johannes von Biclaro umgestaltet. Unter diesem Namen ist sie uns überkommen, während der Name des ursprünglichen Verfassers verloren gegangen ist.

Die letzte Umgestaltung, die unsere Chronik durch die Hand des Mariana erfuhr, stammt aus solch später Zeit, daſs sie kaum noch quellenkritische Berücksichtigung finden kann. Mariana hat diese gotischen Notizen mit eigner Hand hinzugefügt und, wie oben bewiesen ist, ganz aus Pac. entlehnt.

§ 2. Der Verfasser der sog. continuatio Joh. Bicl.

Für jegliche Kunde über den Verfasser unserer Chronik sind wir auf sein Werk angewiesen. Ranke in seinem oben erwähnten Exkurs scheint den Autor für einen Spanier zu halten. Zwar sagt er es nicht bestimmt, doch darf man es aus seiner Darstellung schliefsen. Florez sagt Esp. sagr. VI, 419: „Aus der spanischen Zeitrechnung und der Erwähnung der gotischen Könige folgt mit Sicherheit, daſs der Verfasser ein Spanier war." Wie wir nachgewiesen haben, sind gerade die spanische Ärenrechnung und die gotischen Königsnotizen Bestandteile, die der ursprünglichen Chronik gar nicht angehört haben. Florez' Ansicht ist deshalb hinfällig. Tailhan hält den Verfasser für einen Mozaraben, einen von Sarazenen abstammenden Christen in Spanien. Auch dieses ist falsch. Es finden sich nicht die geringsten Indizien, die uns auf Spanien als die Heimat unseres Autors hinwiesen. Hätte der Verfasser des ursprünglichen Werkes in Spanien geschrieben, so würde er unbedingt auch die Westgotenkönige mit in den Bereich seiner Darstellung gezogen und die spanische Zeitrechnung angewandt haben, wie wir dies bei Isidor von Sevilla, bei Johannes von Biclaro und bei Isidorus Pacensis finden. Unsere Chronik dagegen umfaſst nur die Geschichte der Araber; die byzantinische Geschichte wird eingehend nur behandelt, wo sie sich mit der der Araber berührt. Die Chalifen und ihre Thaten bilden den eigentlichen Stoff der Chronik. Und zwar berichtet der Autor mit ganz gleichem Interesse von den verschiedenen arabischen Expeditionen. Die Erzählung der Eroberung Spaniens trägt absolut kein anderes Gepräge, das uns berechtigen könnte, auf die spanische Heimat des Verfassers zu schliefsen. Der ursprüngliche Plan des Werkes, eine Geschichte des Islam zu geben, ist bis zum Schlusse streng festgehalten worden. Wohin sollen wir aber den Autor bringen? Nach Spanien gehört er bestimmt nicht. Nach Gallien oder Italien gehört er auch nicht, weil beide Länder in der Chronik so gut wie ganz unberücksichtigt bleiben. Auch Konstantinopel kann die Heimat des Autors nicht sein, zu welcher Annahme uns vielleicht die Erwähnung der byzantinischen

Kaiser berechtigen könnte. Doch abgesehen davon, daſs in diesem Falle die byzantinische Geschichte in ganz anderer Weise in den Vordergrund treten müſste, spricht auch die lateinische Sprache der Chronik gegen diese Vermutung. Es bleibt also nur ein Land übrig, Nordafrika. Und daſs dieses die Heimat des Autors ist, dafür sprechen alle Anzeichen. Der Verfasser hat die genaueste geographische Kunde von den dortigen Gegenden, er kennt die einzelnen Landschaften Libyens (Con. 28), nennt Städte, die nur der dort Lebende nennen wird (Con. 29 Tripolis, Cida, Hellemptie), er erzählt von dem letzten byzantinischen Statthalter der afrikanischen Provinz, dem comes Gregorius (Con. 29). Und während er sonst rein sachlich die arabischen Kriegsthaten berichtet, spricht er mit Teilnahme und Wärme vom Untergang dieses Mannes, und von Abdallah, Gregors Bezwinger, sagt er, daſs er sanguinem sitiens nach Afrika gekommen sei. Er ist genau bekannt mit Heraklius' Vorgehen gegen Phokas, das sich zuerst in Libyen abspielte, er weiſs ein persönliches Motiv, welches den Heraklius zum Aufruhr brachte, und das einen ganz lokal gefärbten Charakter trägt (Con. 6 ob amorem Flaviae nobilissimae virginis illi apud Africam desponsatae atque jussu Phocae principis de Libyae finibus Constantinopolim deportatae). Genauere Kenntnis hat er von Ägypten, er erwähnt die ägyptische Stadt Babylon, er erzählt von Alexandria, der antiquissima et florentissima civitas, metropolis Aegypti (Con. 25), er berichtet von der groſsen, für Kaiser Constans so unglücklichen Seeschlacht, die vor dem Hafen von Alexandria ausgefochten wurde (Con. 29). Er weiſs von den römischen Besatzungen in Alexandria, die durch Omar verjagt, und den arabischen, die durch ihn eingesetzt sind. Daſs er von den letzteren sagt: quae nunc etiam exstant, beweist eigentlich schon zur Genüge, daſs er hier Augenzeuge ist (Con. 25). Vielleicht geht man sogar nicht fehl, wenn man behauptet, daſs der Autor in Alexandria selbst geschrieben habe; die genaue Kunde über Ägypten und das Lob, das er gerade dieser Stadt erteilt, sowie die litterarische Fähigkeit des Mannes möchten zu der Annahme verleiten. Nun mag das dahingestellt bleiben, jedenfalls war der Autor ein Nordafrikaner.

Sind wir so über die Heimat des Mannes im klaren, so ist damit seine Nationalität noch nicht festgestellt. Versuchen wir, uns auch über diesen Punkt aus seiner Chronik Auskunft zu verschaffen. Daſs der Autor inmitten der arabischen Herrschaft gelebt hat, das beweist schon die genaue Kenntnis, die er von den Eroberungsgebieten des Islam hat. Man vergleiche nur das Kap. 38, in dem das Testament Marwân I. und die durch ihn dekretierte Herrschaftsteilung geographisch dargelegt wird. Die Nichtunterthanen der Chalifen sind dem Verfasser die externi (49), er datiert die Zeit, in der er schreibt, nach einem Chalifen (37). Er ist bekannt mit arabischer Tradition (41), mit arabischen Anschauungen, Gebräuchen und Schriften (18). Geht so aus allem hervor, daſs der Mann mitten unter Arabern lebt, so ist doch zweifellos sicher, daſs er selbst kein Araber ist. Diese sind ihm die illa gens oder die illi (Con. 12. 37). Wir haben also in ihm einen Nordafrikaner zu sehen, der, selbst kein Araber, unter arabischer Herrschaft lebt.

Recht interessant ist es zu beobachten, wie diesem Manne in der arabischen Umgebung sein Christentum, resp. das seiner Vorfahren, abhanden gekommen ist. Nicht die geringste Andeutung in der Chronik verrät uns einen christlichen Standpunkt des Verfassers. Daſs wir hier also einen schriftstellernden Laien vor uns haben, ist völlig sicher. Ja, man wird nicht zu weit gehen, wenn man in Charakter und Anschauungen des Autors Hinneigung zum Islam verspürt. Er selbst war kein Muhammedaner. Schon die Art und Weise, wie er von Muhammed spricht (Con. 18), verbietet diese Annahme, ebenso die lateinische Sprache, in der er schreibt. Doch daſs ihm der Islam nicht ohne Interesse war, zeigt sein Lob für Muhammed, dem er übernatürliche Kräfte zuerkennt, seine Kenntnis muhammedanischer Kultusgebräuche und Religionsschriften (Con. 18). Auch macht sich in seiner Lebens- und Weltauffassung ein gewisser Fatalismus geltend (Con. 42). Dazu erkennt er in der Machtentfaltung der Chalifen göttliche Leitung (Con. 37. 44). Selbst Walîd, unter dessen gewaltigem Chalifate das Bollwerk des abendländischen Christentums, das Westgotenreich, fiel, ist ihm göttlicher Huld teilhaftig. Dies ist aber auch das einzige, was wir über den religiösen Standpunkt des Autors unserer Chronik entnehmen können. Aus allem scheint doch ein gewisser religiöser Indifferentismus des Mannes zu folgen, eine für jene Zeit seltene Erscheinung, die sich nur aus den eigentümlichen Verhältnissen der vom Islam eroberten Gebiete erklären läſst.

Fühlt sich unser Autor auch stets als nicht zum Stamme der Araber gehörig, so ist er doch ein guter Unterthan der Chalifen, was ganz verständlich ist, da zu seiner Zeit seine Heimat bald hundert Jahre unter muhammedanischer Herrschaft stand. Unparteiisch erkennt er deshalb auch die Verdienste und die Tüchtigkeit der

Chalifen an (Con. 25, 33, 34, 38, 41, 42), nie wird sein Urteil gehässig oder parteiisch. Man merkt, er berichtet die Wahrheit nach bestem Wissen und Wollen. Mit Genugthuung verfolgt er die Chalifen auf ihren Eroberungszügen und fühlt sich so doch, ohne es selbst zu wollen und zu wissen, als einen der Ihrigen. Deshalb ist ihm auch der Abfall des Feldherrn Jazîd vom Chalifen Jazîd II. ein scelus, das nur durch den Tod des Empörers gesühnt wird (Con. 50).

Wir können auch die muhammedanische Parteistellung unseres Autors erkennen. Er schreibt, wie wir noch zeigen werden, zur Zeit des grofsen Omeijadenchalifen Hischâm. Sein Standpunkt ist daher auch rein syrisch-omeijadisch. Die Mediner existieren für ihn nicht. Alî erwähnt er gar nicht in der Reihe der Chalifen, dagegen für Jazîd I. und Mu'âwia II., die von den späteren medinisch gesinnten arabischen Historikern verflucht werden, hat er Worte der höchsten Anerkennung. Er mifst die Chalifen auch mit dem Mafsstabe, mit dem die Omeijaden mafsen, d. h. er beurteilt sie nicht danach, ob sie treue Jünger des Koran waren, sondern ob sie grofse Kriegshelden waren, und ob es ihnen gelang, sich durch persönliche Vorzüge die Liebe ihrer Unterthanen zu erwerben. Wenn er einem Chalifen wie Omar II. Lob spendet, so rühmt er dessen Leutseligkeit und Liebenswürdigkeit; von seiner Frömmigkeit, von der die späteren korantreuen arabischen Skribenten so viel Wesens machen, spricht er nicht. Das ist die Lebensauffassung der Omeijaden, die den starren Vorschriften des Koran den Rücken kehrten und im Gegensatz zu den alten Begleitern Muhammeds, den Medinern, heiterem und frohem Lebensgenufs sich zuwandten.

Bei alledem bleibt aber der Ton in des Con. Darstellung ein ruhiger, nie wird er überschwenglich. Wir haben eben in unserm Autor einen seltsam gemischten Charakter; Nordafrikaner und doch kein rechter Christ mehr, Unterthan der Chalifen und doch noch kein Muhammedaner, nicht murrend unter dem fremden Joch, aber auch nicht jubelnd, sondern in Zufriedenheit sich in die Verhältnisse schickend und sich ihnen immer mehr anpassend. Dabei aber dringt es doch ganz vereinzelt und kaum merklich wie ein Schmerzensseufzer aus seiner Brust, wenn er vom früheren Glanze seiner Heimat vor der arabischen Invasion spricht. Doch schnell schwinden solch trübe Gedanken, und mit Befriedigung schaut er auf die neue Macht des Islam, unter der er aufgewachsen ist, und mit der er sich doch im innersten Herzen eng verbunden fühlt.

§ 3. Die Abfassungszeit der sog. continuatio Joh. Bicl.

Glücklicherweise sind wir auch in der Lage, die Abfassungszeit unserer Chronik bestimmen zu können. Die wichtigste Stelle in der ganzen Chronik für diese Frage ist Kap. 37. Hier heifst es: exercitus duos sibi principes elegerunt: unum nomine Abdalla et alterum vocabulo Moroan, cujus ex filio nepos hactenus nostris temporibus illorum obtinet principatum. Con. spricht hier vom Chalifen Marwân I. und sagt, dafs ein Enkel desselben zu seiner Zeit Chalif sei. Sechs Enkel des Marwân sind Chalifen gewesen (cf. die Stammtafel unten). Wir kämen danach für die Zeit unseres Autors, wenn wir die äufsersten Grenzen annehmen, auf die Jahre 705—750. Doch die Annahme, dafs diese Worte sich allenfalls auf jeden der sechs Enkel des Marwân beziehen könnten, darf wesentlich eingeschränkt werden. Wenn man die Worte unbefangen liest, so mufs man den Eindruck gewinnen, dafs hier unter dem filius nur Abd el-Malik verstanden sein soll. Es kommen also Walîd I., Suleimân, Jazîd II. und Hischâm in Betracht, d. h. der Zeitraum von 705—743. Auch dieser Zeitraum kann noch reduziert werden, denn in dem Schlufskapitel des Con. (52) heifst es: igitur Izit rex Saracenorum quarto explicato anno ab hac luce migravit fratri regnum relinquons, Hesciam nomine: et post fratrem, natum proprii seminis regnaturum adsciscit, nomine Hulit. Hier ist gesagt, dafs Jazîd gestorben, Hischâm die Regierung angetreten und Walîd zum Nachfolger bestimmt sei nach Hischâm. Danach fallen von den obengenannten Herrschern Walîd I., Suleimân, Omar II. und Jazîd II., d. h. der Zeitraum von 705—724, ganz aufserhalb unserer Betrachtung. Und es bleibt als Abfassungszeit unseres Autors die Regierung des Hischâm (724—743). Das einzige Antastbare in dieser Beweisführung ist, dafs wir den sechsten Enkel Marwân I., Marwân II., als nicht unter dem ex filio nepos verstanden annehmen. Doch abgesehen davon, dafs der Context zu diesem

a.*) **Marwân I.**

b. **Abd el-Malik**   Abd el-'Azîz   Muhammed

c. **Walîd I.**   d. **Suleimân**   f. **Jazîd II.**   g. **Hischâm**   e. **Omar II.**   l. **Marwân II.**
(705—714)   (714—717)   (720—724)   (724—743)   (717—720)   (744—750)

i. **Jazîd III.**   k. **Ibrahîm**   h. **Walîd II.**
(740)   (744)   (743—744)

*) Die Buchstaben deuten die Reihenfolge im Chalifate an. Nur die mit Buchstaben versehenen Männer sind Chalifen gewesen.

Vorgehen zu berechtigen scheint, wird uns später das Verhältnis des Con. zum Pac. noch ein weiteres Beweismoment dafür liefern, daſs unser Ansatz des Con. unter Hischâm richtig ist (cf. pag. 19 Anm. **)).

Fassen wir zusammen, was sich bisher als festes Resultat für den Con. ergeben hat. Der ursprüngliche Con., d. h. seine arabische, aller Gotennachrichten entledigte Chronik, ist eine in sich zusammenhängende Geschichte der Araber bis zur Thronbesteigung des Chalifen Hischâm, eingefügt in den Rahmen einer kurzen Geschichte der byzantinischen Kaiser von Phokas bis zu Leo dem Isaurier. Diese Chronik ist verfaſst von einem nordafrikanischen Schriftsteller, der unter dem Chalifate des Hischâm wahrscheinlich in Ägypten, vielleicht in Alexandria lebte.

Teil II.
Die Chronik des sog. Isidorus Pacensis.

§ 1. Die Abfassungszeit der Chronik.

Die auf uns gekommene Chronik des sog. Isidorus Pacensis umfaſst den Zeitraum von Heraklius' Thronbesteigung bis zum Sturze des letzten omeijadischen Chalifen Marwân II. In ihrem äuſsern Aufbau hat diese Chronik groſse Ähnlichkeit mit der des Con. Sie umfaſst auch gotische, arabische und byzantinische Geschichte. Auch bei ihr bildet die byzantinische Geschichte das Gerippe der Darstellung. Das, was sie von der Chronik des Con. unterscheidet, ist vor allem die eingehend durchgeführte Chronologie. Gleichsam wie mit festen Schnüren ist die Darstellung eingeschnürt von einer fünffachen Chronologie.*) Jedes Ereignis wird datiert nach dem Jahre der Weltära, dem Regierungsjahre des byzantinischen Kaisers, dem des Gotenkönigs, dem der arabischen Hedschrarechnung und dem Jahre der spanischen Ära. Bis zum Sturze des Westgotenreiches ist gotische und arabische Geschichte gleich stark berücksichtigt.

Es fragt sich, wann diese Chronik verfaſst ist. In Kap. 79, einer chronologischen Schluſsbetrachtung des ganzen Werkes, sagt der Autor: fiunt igitur ab exordio mundi usque in aeram coeptam

---

*) Diese Chronologie, wie sie uns in den heutigen Ausgaben vorliegt, wimmelt von Fehlern, die zum gröſsten Teile auf Rechnung der Abschreiber, zum Teil auf die des Autors zu setzen sind.

septingentesimam nonagesimam secundam etc. Was haben wir unter aera coepta zu verstehen, das Jahr, das in der Darstellung begonnen ist, oder das, welches der Autor zu leben begonnen hat? Ist es auch durchaus nicht selbstverständlich, daſs das Schluſsjahr der in der Chronik behandelten Zeit und das Jahr des litterarischen Abschlusses der Chronik identisch sind, und können immerhin Momente, die sich unserer Beobachtung entziehen, den später schreibenden Autor veranlaſst haben abzubrechen, ehe er die Darstellung seiner eigenen Zeit erreichte, so ist es für unsern Fall doch absolut sicher, daſs der Autor unter aera coepta sowohl das von ihm begonnene Lebensjahr wie das Schluſsjahr seiner Chronik verstanden wissen will. Das letzte geschilderte Ereignis (78) ist die Niederlage Marvân II. in Ägypten. Diese fand 750 statt. In der Nachricht über Constantin Copronymus sagt Pac. (71): peractis a principio mundi usque in annum Constantini X annis etc. Da Pac. als das Anfangsjahr des Constantin das Jahr 744*) (aera 782 nach spanischer Zeitrechnung) annimmt, so führt das wieder auf das Jahr 754, die obenerwähnte aera coepta. Auffallend möchte es erscheinen, daſs Pac. die Zeit von 750—754 offen läſst, doch für diese Partie verweist er auf seinen liber verborum dierum saeculi, eine andere von ihm verfaſste Chronik. Daſs Pac. ferner nicht nach 754 seine Chronik abgeschlossen hat, beweist der Umstand, daſs er schreibt, ehe Abd el-Rahman, der Begründer der selbständigen Omeijadendynastie in Spanien, auftritt. Pac. schreibt unter dem Wali Jûsuf und zwar zur Zeit, als Jûsuf nach Niederwerfung seiner Gegner auf dem Höhepunkte seiner Macht steht, kurz vor Abd el-Rahmans Ankunft.

§ 2. Das Verhältnis der Chronik des sog. Isidorus Pacensis zu der sog. continuatio Johannis Biclariensis.

Die im Jahre 754 geschriebene Chronik des Pac. stimmt in sehr groſsen Stücken teils mehr teils weniger wörtlich mit dem Con. überein. Schon oben haben wir auseinandergesetzt, daſs sich die Übereinstimmung in den gotischen Nachrichten daraus erklärt, daſs

---

*) Pac. 71 heiſst es (bei Florez) von Constantin regnans XXXV annis. Tailhan hat mit Recht statt der Zahl XXXV das quellenmäſsige tot eingesetzt. XXXV ist nirgends in den Handschriften bezeugt, kann deshalb also auch nicht dazu verwandt werden, die Chronik des Pac. nach Constantins Tode anzusetzen.

— 19 —

Mariana diese für seinen Con.-Codex aus Pac. excerpierte. Bei weitem bedeutender ist aber die Übereinstimmung des Pac. mit dem ursprünglichen Con., d. h. mit seiner byzantinisch-arabischen Geschichte. Diese Übereinstimmung ist so stark, daſs einer der beiden Autoren den andern unbedingt benutzt haben muſs.*) Es fragt sich, welcher Chronik die Priorität zuzuerkennen ist. Der ursprüngliche reine Con. ist, wie wir oben nachgewiesen haben, unter der Regierung des Hischâm verfaſst. Demnach ist, da Pac. erst 754 abgefaſst ist, Con. als die 20 bis 30 Jahre früher abgefaſste Chronik die Quelle für Pac. gewesen und nicht umgekehrt.**)

Vereinigen wir dieses Resultat mit den früheren, die wir über Con. gewonnen haben, so ergiebt sich folgendes als vollkommen sicher über das Verhältnis der beiden Chroniken. Ein Nordafrikaner schrieb unter dem Chalifate des Hischâm eine Geschichte der Araber bis auf seine Zeit (der ursprüngliche Con.). Diese Chronik kam nach Spanien. Ein spanischer Autor stellte zwischen dieser Chronik und der des Johannes von Biclaro eine äuſsere Verbindung her, indem er die afrikanische Chronik durch hinzugefügte Nachrichten, die aus Isidor von Sevilla entlehnt waren, mit ihrem Anfang bis in die Zeit zurückverlegte, wo Johannes von Biclaro schloſs. Diese so umgestaltete Chronik benutzte dann ungefähr in den Jahren 750—754 ein anderer Spanier, der sog. Isidorus Pacensis,***) der eine Fortsetzung zu der Chronik des Isidor

---

*) Der besseren Übersicht halber habe ich am Schlusse der Arbeit eine vergleichende Tabelle über die kongruenten Stücke der beiden Chroniken gegeben. Eine Prüfung der beiden Schriften an der Hand dieser Tabelle wird die groſse Übereinstimmung ergeben.

**) Ich habe I, 3 zugegeben, daſs die Annahme, es sei Con. 37 unter filius nur Abd el-Malik verstanden, nicht zwingend ist. Doch der Versuch, unter filius den Muhammed, Marwân I. jüngsten Sohn, zu verstehen, der dann als Abfassungszeit des Con. Marwân II. Chalifat ergeben würde, ist nicht haltbar. Marwân II. regierte 744—750; es ist aber nicht anzunehmen, daſs eine in Afrika geschriebene Chronik kaum zehn Jahre nach ihrer Abfassung schon in Spanien von einem Schriftsteller excerpiert worden ist. Allein auch dieses zugegeben, so bleibt doch die Thatsache unantastbar, daſs selbst bei dem äuſsersten Termine, den wir der Abfassung des Con. setzen könnten, doch Con. stets älter als Pac. und deshalb von ihm ausgeschrieben ist.

***) Ich nehme hier an, daſs der ursprüngliche Con. vor seiner Benutzung durch Pac. mit den aus Isid. Sevill. entnommenen Nachrichten interpoliert ist, daſs also Pac. den schon interpolierten Con. benutzt hat. Diese Annahme wird bewiesen durch Con. 13 u. Pac. 8, wo Pac. den unschönen Ausdruck über den Regierungsantritt des Gotenkönigs Suinthila aus Con. entlehnt hat (in regno

von Sevilla schreiben wollte, als Grundlage seines Werkes, indem er vor allem bemüht war, diese Chronik durch Einflechtung der westgotischen Geschichte zu vervollständigen. Acht- bis neunhundert Jahre später kamen nun einem spanischen Forscher Handschriften beider Chroniken in die Hände. Er entdeckte das Fehlen westgotischer Geschichte in dem Con., was bei der sonstigen grofsen Übereinstimmung der beiden Chroniken auffallend erscheinen mufste, und interpolierte den seiner Ansicht nach lückenhaften Text des Con. aus dem Pac. So entwickelt sich hier vor unseren Augen ein schriftstellerischer Prozefs, scheinbar der kompliziertesten Art und doch im Grunde leicht zu überschauen.

Dieses so sonnenklare und durch die chronologische Fixierung so unbedingt gesicherte Verhältnis der beiden Chroniken ist von Florez (Esp. sagr. VI, 419) und von Ranke (Weltgesch. V, 2, 283 u. 287) richtig erkannt und angenommen worden. Doch es fehlt nicht an Vertretern der entgegengesetzten Ansicht. So sagt Aschbach in der „Geschichte der Westgoten" Vorrede XII: „Die continuatio ist auf jeden Fall nach der Zeit des Isidorus Pacensis geschrieben," freilich Gründe giebt er nicht weiter an. Ein spanischer Forscher Fernandez-Guerra*) schliefst daraus, dafs Con. im letzten Paragraphen die Bestimmung des Jazid, Walid solle nach Hischâm regieren, berichtet, dafs dies nach dem Tode Hischâm's, also 743, geschrieben sein müsse (sehr kühn!). Er setzt die Chronik also 19 Jahre herab und hält den Con. sowohl wie den Pac. für Werke ein und desselben Verfassers. Er begründet das mit der Identität des Stils. Tailhan spricht sich mit Recht dagegen aus, wenn auch mit Gründen, die nicht sämtlich zu billigen sind. Der Hauptgrund gegen Fernandez-Guerras Ansicht ist der, dafs die Verfasser ihrem Standpunkte und ihren ganzen Anschauungen nach völlig verschiedene Männer sind. Der Con. ist ein zum Islam hinneigender Mann, dessen Gesichtskreis das gesamte Chalifenreich bildet, Pac. ist ein christlicher Spanier mit stark geistlicher Färbung,

---

Gothorum digna(e) gubernacula suscepit sceptra). Das beweist die Benutzung des interpolierten Con. von seiten des Pac. Isidor v. Sevilla hat gratia divina regni suscepit sceptra. Die konfuse Wendung mit dem nicht recht passenden digna (vielleicht falsch aus divina) und dem Doppelausdruck gubernacula und sceptra hat erst Con. gebildet und nach ihm Pac.

*) Fernandez-Guerra, caida y ruina del imperio Visigotico-Espanõl. Dieses Buch kenne ich nur aus Tailhans Angaben, das Original selbst habe ich nicht bekommen können.

der sich zwar an des Con. weiten Gesichtskreis anlehnt, im Grunde jedoch seine Aufmerksamkeit auf Spanien konzentriert. Diesen Hauptgrund hat Tailhan nicht. Ihm erscheint es einmal seltsam, daſs, wenn Pac. auch der Verfasser der continuatio wäre, er dann nicht in dieser unserer Chronik gerade so gut auf den Con. verwiesen habe, wie er sonst auf seine anderen Werke verweise. Das ist ein achtungswerter Einwand. Sodann ist Tailhan gegen Fernandez-Guerras Ansicht, weil im Con. seiner Ansicht nach auch auſser den dem Pac. gleichen Partien noch Stücke d'un style tout différent vorkommen, d'où la rime et le rhythme sont à peu près bannis. Nachdem Tailhan so nur die eine Möglichkeit ins Auge gefaſst hat, kommt gleich sein endgültiges Urteil über das Verhältnis beider und besonders über den Con. Er sagt: „cette compilation (nämlich der Con.), oeuvre d'un mozarabe du IX. ou du X. siècle, est un résumé assez maladroitement exécuté de ce que l'Anonyme de Cordoue et d'autres chroniqueurs hispano-latins, contemporains de l'invasion, avaient écrit sur l'origine et les conquêtes de l'islam dans le monde." Keck behauptet, ist halb bewiesen, denkt Tailhan. Die Möglichkeit also, daſs Con. der ursprüngliche und Pac. der abschreibende ist, existiert für Tailhan gar nicht. Sein vielgeliebter Anonyme ist das Original, das ist für ihn so sicher, daſs es gar nicht mehr bewiesen zu werden braucht. Er giebt denn auch faktisch nicht den geringsten Grund für seine Ansicht an. Nur zwischen den Zeilen kann man lesen, wie er zu dieser Ansicht kommt. Der Grund, auf den sich dieselbe stützt, ist die Hypothese, daſs Pac. in Reimen geschrieben sei. Er denkt so: Pac. ist Reimprosa(?); Con. enthält Stücke, die dem Pac. völlig gleich sind; diese gleichen Stücke sind Reimprosa(?); nun ist es unmöglich, daſs ein Autor originell ein Werk verfaſst, das bald in Reimprosa geschrieben ist, bald nicht; folglich ist das Werk des Con. eine Kompilation, teils aus gereimten Stücken aus dem Pac., teils aus ungereimten Stücken zusammengeschrieben. Folglich ist, da Con. das Plagiat ist, Pac. das Original.

Dieses ganze Urteil Tailhans ruht auf unbewiesenen, ja unmöglichen Annahmen. Zunächst: Con. ist eine Kompilation, sagt Tailhan. Diese Behauptung ist falsch. Der ganze Charakter der ursprünglichen Chronik zeigt uns, daſs wir es mit einer aus einem Gusse geformten Darstellung zu thun haben, die nach einem einheitlichen Plane ausgeführt ist: gleiche Sprache, gleicher Stil, gleiche Grundanschauung, einheitliche Anlage des ganzen Werkes. Es ist gewaltthätig, alle diese

Indizien verkennen zu wollen. Womit nun aber gar Tailhan seine Ansicht halten will, dafs der Con. erst im 9. oder gar im 10. Jahrhundert abgefafst sei, das ist gar nicht abzusehen. Nicht das geringste Anzeichen deutet in der Chronik darauf hin. Der schon oben behandelten Stelle Con. 37 dreht Tailhan durch seine Kompilationsannahme einfach den Hals um. Es ist das eben, sagt er, eine anders woher excerpierte Stelle, deren chronologische Selbstaussage nur für die Stelle selbst in Betracht zu ziehen ist, nicht aber für die ganze Chronik. Diese Stelle stammt nach ihm aus einem chroniqueur latin qui vivait au temps de Walid I. Leider verrät er uns nicht, woher er diesen Chronisten kennt. Andere Stellen, die das Zeugnis von Kap. 37 unterstützen und so eine Einheit der chronologischen Selbstaussagen dokumentieren und damit gegen eine Kompilation sprechen, erwähnt Tailhan gar nicht. So sagt Con. Kap. 49 von Omar II. († 720): tantae autem benignitatis et patientiae fuit, ut hactenus tantus ei honor lausque referatur a cunctis, etiam ab externis, quantus ulli unquam viventi regni gubernacula praeroganti allatus est. Pac. hat diesen Satz wörtlich in seine Chronik herübergenommen, ohne zu bemerken, dafs dies für seine Zeit, wo die 'Abbasiden das Chalifat ergriffen hatten, gar nicht pafst; dagegen für des Con. Zeit, die Zeit des Hischâm, sind diese Worte sehr passend. Con. sagt Kap. 25 von den praesidia in Ägypten, die Omar I. († 644) errichtete: quae nunc etiam exstant. Auch das kann schwerlich gesagt sein nach den fürchterlichen Wirren und Umwälzungen des arabischen Bürgerkrieges, die die Erhebung der 'Abbasiden zur Folge hatten, und die gerade in Ägypten durch Marwân II. Niederlage ihren Abschlufs fanden. Für die Zeit des Con. passen diese Worte jedoch sehr gut. Ein weiterer Beweis dafür, dafs Con. noch unter der Herrschaft der Omeijaden geschrieben hat, ist der Umstand, dafs Con. den Alî, Muhammeds Schwiegersohn, den Gegenchalifen des Omeijaden Mu'âwia, gar nicht als Chalifen rechnet, ja, nicht einmal seinen Namen nennt. Einheit der chronologischen Selbstzeugnisse und Einheit in der Auffassung der arabischen Geschichte, dies alles liegt im Con. klar zu Tage. Wie pafst das zu einer Kompilation? Zu welch beschränktem Manne macht Tailhan ferner diesen Kompilator! Sinnlos soll er aus allen möglichen Chroniken Stücke entnommen und zusammengesetzt haben, ohne die Widersprüche in ihnen zu merken. Aber die klare, verständige, ruhige und einfache Schreibart, die knappe Darstellung, die in wenigen Worten doch immer das Wichtige giebt, alles dies nötigt uns vielmehr, mit Achtung von den schriftstellerischen Fähigkeiten des Con. zu sprechen.

Tailhan mufs auf die Frage antworten, woher denn die nicht aus Pac. stammenden Nachrichten des Con. kommen. Da nimmt er kühn autres chroniqueurs hispano-latins, contemporains de l'invasion an, obwohl wir nicht das Geringste von derartigen Autoren wissen, ja, sogar ihr Vorhandensein stark bezweifeln müssen. Denn Rodericus Toletanus († 1247), der Excerptor des Pac., hat nur die auch auf uns gekommenen Autoren gekannt, wie wir aus dem Prolog zu seinem chronicon rerum in Hispania gestarum*) ersehen können. Er sagt hier selbst, dafs alles Übrige, was an Büchern in Spanien vorhanden gewesen, beim Einfall der Araber umgekommen sei (scripta et libri cum pereunte patria perierunt).

Was schliefslich die Reimerei des Pac. anbetrifft, den Punkt, von wo Tailhans Beweis ausgeht, so ist darüber vorläufig folgendes zu sagen. Mag Pac. gereimt haben oder nicht, für unsere Frage ist die Entscheidung darüber vollkommen irrelevant. Doch gesetzt faktisch, er hat gereimt, so folgt daraus nicht, wie Tailhan meint, dafs die Stücke, die im Pac. dem Con. gleich lauten, gereimte Bruchstücke aus Pac. sind, sondern nur, dafs Pac. diese Stücke, die er aus Con. entlehnt hat, ohne weitere Veränderung in seine Chronik aufgenommen und sie dadurch, dafs er sie in Reimzeilen abgeteilt, den übrigen Stücken seiner Reimchronik assimiliert hat, was bei dem formalen Bau der lateinischen Sprache mit Schwierigkeiten nicht verknüpft ist.

Dieses für uns hinlänglich feststehende Urteil, dafs Con. die ursprüngliche und Pac. die abgeleitete Quelle ist, wird noch durch folgende Beobachtungen bestätigt. Pac. nennt Kapitel 1 und 50 Constantinopel die urbs regia (beide Male nach Con. 6 und 48). Daneben nennt Pac. in den ihm unbestritten original angehörenden gotischen Abschnitten Toledo oft urbs regia (Pac. 15, 29, 30, 35, 36, 49). Es ist ganz undenkbar, dafs ein Mann von ein und demselben Standpunkte, aus ein und derselben Anschauung heraus Byzanz und Toledo urbs regia nennen sollte. Für den Spanier Pac. ist Toledo, nicht Constantinopel die urbs regia. Wenn also in seiner Schrift die Bezeichnung urbs regia für Constantinopel vorkommt, so ist es sicher, dafs er diese Bezeichnung aus Unachtsamkeit aus seiner

---

*) Roderici Toletanae dioecesis archiepiscopi rerum in Hispania gestarum chronicon. Granada 1545.

Quelle mit herübergenommen hat. Diese Quelle ist Con.*). — Ferner sagt Pac. Kap. 33, Walíd sei im Chalifate gefolgt secundum quod exposuerat pater. Diese Bemerkung steht wörtlich so im Con. Kap. 44. Con. muſs hier Original und Pac. Kopie sein, denn im Con. passen diese Worte in den Zusammenhang, Con. hat uns Kap. 42 genau die Erbschaftsbestimmungen des Abd el-Malik, des Vaters Walíds, geschildert. Bei Pac. suchen wir diese aber vergebens. Er hat bei soinem Excerpieren gerade das Kap. 42 des Con. überschlagen. Seine Worte secundum quod exposuerat pater stehen demnach in der Luft.

So zeigt die ganze Untersuchung, daſs die oben fixierte Ansicht über das Verhältnis der beiden Schriftsteller, die sich aus der chronologischen Festsetzung der Chroniken ergab, durch alle inhaltlichen Indizien derselben aufs beste bestätigt wird. Con. ist die ursprüngliche, Pac. die abgeleitete Quelle. Tailhans ganzes Beweisverfahren richtet sich selbst. Um seine Ansicht von der Originalität des Pac. auf jeden Fall durchzusetzen, hat er ohne die geringsten Beweise den Con. zu einem wüsten Konglomerat von Nachrichten der verschiedensten Zeit und der verschiedensten Autoren gemacht. Die Widerspruch erhebenden Stellen werden uminterpretiert oder einfach totgeschwiegen. Ein derartiger Miſsbrauch der Kritik zu gunsten einer vorgefaſsten Meinung hat den Charakter der Wissenschaftlichkeit verloren.

§ 3. Der Verfasser der Chronik.

Die Chronik des sog. Isidorus Pacensis ist in Spanien von einem Spanier geschrieben. Die Überlieferung hat nie hieran gezweifelt. Der Autor nennt selbst mehrere Male Spanien sein Vaterland (Pac. 67, 79). Das Interesse des Autors ist vornehmlich auf Spanien gerichtet. Die Geschichte des Westgotenreiches erzählt er nach spanischer Tradition und zuletzt nach eigener Anschauung. Nach Roderichs Fall konzentriert sich seine Darstellung ganz auf Spanien, und er berichtet als Augenzeuge über das Regiment der arabischen Walis von Mûsá bis Jûsuf. Mit der Geschichte und den Verhältnissen der spanischen Kirche ist er völlig vertraut. Er kennt aufs genaueste die auſserordentlichen Ereignisse, die in Spanien geschehen sind, Sonnen-

---

*) Interessant ist die Stelle Pac. 41. Hier ist es dem Antor zum Bewuſstsein gekommen, daſs Constantinopel nicht für ihn die urbs regia ist. Er setzt deshalb für die urbs regia des Con. Constantinopolis.

finsternisse (15, 45), sonstige Naturphänomene (76), dazu Hungersnöte (23 und 76) und Epidemieen (25). Die Franken sind ihm die septentrionales gentes (59), während die Araber die ex transmarinis partibus (67) sind. Kurz, es ist unzweifelhaft, dafs Pac. ein Spanier ist.

Wir dürfen ferner behaupten, dafs der Verfasser zu Cordoba geboren ist. Dies ergiebt sich einfach daraus, dafs Pac. zweimal (36, 44) diese Stadt patricia nennt, was so viel wie „Vaterstadt" bedeuten wird. Dozy (Recherches I, 3)*) ist noch einen Schritt weiter gegangen und hat behauptet, Pac. habe in Cordoba geschrieben. Tailhan ist ihm hierin gefolgt und hat seine Ausgabe des Pac. unter dem Titel Anonyme de Cordoue herausgegeben. Hier haben die beiden sicher über das Ziel hinausgeschossen. Pac. mag in Cordoba geboren sein, gelebt und geschrieben hat er in Toledo. Tailhan bringt zwar viele Gründe für seine Ansicht, aber es fehlt das Beste daran, die Beweiskraft. Er sagt, Pac. habe eine sehr spezielle Kenntnis der politischen Ereignisse, die sich in Cordoba zugetragen hätten. Er verweist dafür auf Kap. 65, wo von der Hinrichtung Abd el-Maliks durch Baldsch zu Cordoba erzählt wird. Doch ein Ereignis von solcher Tragweite wie dieses, das, nebenbei bemerkt, von allen Arabern viel detaillierter erzählt wird, mufste auch über Cordoba hinaus bekannt sein. Dafs ferner Pac. Kap. 76 von einer Himmelserscheinung berichtet, die die Einwohner von Cordoba gesehen, beweist auch nichts dafür, dafs Pac., um dies zu erwähnen, Cordobaner gewesen sein müsse. Aufsergewöhnliche Naturerscheinungen sprachen sich in jener Zeit, wo man sie als Vorboten kommenden Unheils ansah (15, 76), sehr schnell aus, so dafs Pac. recht gut, ohne in Cordoba zu wohnen, sehr bald davon hören konnte. Auch das begeisterte Lob, welches Pac. Cordoba widmet, als nach dem Falle des Westgotenreiches die Araber dort ihr efferum regnum aufrichteten, beweist nur, dafs ihm das Geschick seiner Vaterstadt besonders am Herzen liegt. Dafs schliefslich Cordoba so häufig genannt wird, hat nur darin seinen Grund, dafs Cordoba die Residenz der spanischen Walis ist.**)

---

*) R. Dozy, recherches sur l'histoire et la littérature de l'Espagne pendant le moyen âge. Tom. Ier. Edit. IIIe. Leyden 1881.

**) Tailhan stützt seine Annahme noch auf folgendes. Kap. 60 vergleicht Pac. Spanien in seiner Blüte mit einem Granatapfel im Hochsommer (ut diceres augustalem esse malogranatam). Tailhan meint (Préf. IX), ein solcher Vergleich

Nicht Cordoba, sondern Toledo ist die Stadt, in der Pac. lebt und schreibt. Das ergiebt sich aus folgendem. Durch die ganze Chronik zieht sich ein gleichmäfsiges Interesse des Autors für diese Stadt. Toledo ist ihm die urbs regia, und diesen Beinamen läfst er ihr noch, als lange schon das Westgotenreich nicht mehr ist. Er weifs von der Bauthätigkeit Wambas in dieser Stadt und berichtet uns Inschriften von den Bauten dieses Königs. Aus Cordoba übermittelt er uns keine Inschriften. Bei der Darstellung des Aufstandes der spanischen Mauren gegen den Wali Abd el-Malik (Pac. 64) erzählt er, dafs die Mauren gerade 27 Tage Toledo belagert haben, dann aber abgezogen und beim 12. Meilensteine von der Stadt durch Omeija geschlagen sind. So kann doch nur ein Toledaner sprechen. Schliefslich kennt er die kirchlichen Verhältnisse Toledos aufs beste, er kennt die Erzbischöfe, die Bischöfe, ja selbst Mitglieder des niederen Klerus. Und selbst im zweiten Teile seiner Chronik, wo nach der arabischen Invasion sich sein Interesse ganz der Herrschaft der Walis zugewandt hat, verfehlt er nicht, uns von dem, was am erzbischöflichen Sitze zu Toledo vor sich geht, Mitteilung zu machen (Pac. 49, 62, 77). Pac. gehört sicher in die Stadt Toledo und war, wie wir jetzt zeigen wollen, Mitglied des Klerus, und zwar des toledanischen.

Die Überlieferung nennt den Pac. Bischof von Beja, Ranke thut das Weltgesch. V, 2, 283 auch noch. Doch das ist bestimmt falsch, mit Beja hat Pac. gar nichts zu thun, auch Bischof wird er nicht gewesen sein. Die Art und Weise, wie er über die Bischöfe spricht, die hohe Bewunderung, die er ihnen zollt, deutet mehr darauf hin, dafs er von solchen redet, die weit über ihm stehen, denn von Amtsbrüdern. Aber dafs er zum Klerus gehörte, ist unbedingt sicher. Die Menge der Beweise hierfür ist geradezu erdrückend. Tailhan, der meist das Unglück hat, mit seiner Kritik an der verkehrten

---

habe nur im Kopfe eines Südspaniers entstehen können, der den Granatapfel wirklich in seiner Purpurpracht sähe. Doch gerade ein Kap. früher vergleicht Pac. die Schlachtreihe der Franken mit einer starren Eismasse (ut paries immobiles permanentes sicut zona rigoris glacialiter manent adstrictae). Mit demselben Rechte könnten wir aus diesem Vergleiche auf eine arktische Gegend, wenigstens doch auf das Gebiet der Pyrenäen als Heimat unseres Autors schliefsen. Aus Vergleichen auf die Heimat des Autors schliefsen, ist doch sehr gewagt. Wer weifs, kommt Tailhan noch einmal über die deutsche Litteratur, so macht er aus Ferd. Freiligrath, der ja von Palmen und Sykomoren gesungen hat, noch einen Kaffern.

Stelle einzusetzen, widerlegt (Préf. IX) die Annahme, dafs Pac. Kleriker gewesen, in seiner Weise. Er stellt erst selbst eine möglichst verkehrte Behauptung, die nie jemand erhoben hat, hypothetisch auf, widerlegt sie dann und freut sich zum Schlusse seines Scharfsinnes. Das Interesse an kirchlichen Dingen spricht sich in Pac. Chronik aufs deutlichste aus. Seine gesamten Nachrichten über die gotischen Könige haben eigentlich nur den Zweck, zum Rahmen für die Darstellung der kirchlichen Verhältnisse des Westgotenreiches zu dienen. Mit wenigen Worten geht Pac. meist über die politische Regierung der Könige hinweg, um uns in Breite kirchliche Nachrichten aus ihrer Zeit zu geben. Mit Eifer und Begeisterung erzählt er von den glänzenden Konzilien des Westgotenreiches zu Toledo und von den grofsen Lehrern der Kirche. Dies alles, gebe ich zu, kann auch das Interesse eines Laien erwecken, aber die Art, wie Pac. hiervon spricht, zeigt uns einen mit kirchlichen Gebräuchen, Anschauungen und Einrichtungen wohl vertrauten Mann. Er gehört zur toledanischen Kirche, hier hat er die eingehendste und genaueste Kunde, doch auch die andern spanischen Kirchen sind ihm nicht fremd, so die von Hispalis (6), die von Caesarauguata (13), die von Acci (49) u. a. Die Geistlichkeit führt er mit der genauesten klerikalen Rangbestimmung an. Der Metropolitanbischof bekommt seinen Titel genau so gut, wie der Archidiakon, ja wie der alte Kantor an der Kathedrale von Toledo. Welches Interesse sollte ein nicht klerikaler Mann daran haben, uns von dem diaconus melodicus der Kirche von Toledo (77) zu erzählen oder uns mitten im Drange der wilden politischen Ereignisse mitzuteilen, dafs um jene Zeit zwei Mitglieder des niederen toledanischen Klerus selig im Herrn entschlafen sind (laeti ad dominum pergentes quiescunt in pace (62)). Auch die Nachrichten über die toledanischen Konzilien machen den Eindruck, als ob sie von einem Kleriker geschrieben sind. Obwohl auf diesen Konzilien so oft weltliche Sachen verhandelt sind, so erfahren wir hiervon doch nur wenig, dagegen die dogmatischen Angelegenheiten erwähnt Pac. oft. Dann, was besonders für unsere Frage wichtig ist, steht dem Pac. eine feste kirchliche Tradition zu Gebote. Tailhan nimmt an, dafs Pac. seine kirchlichen Nachrichten aus den Akten der toledanischen Konzilien geschöpft habe. Ich werde in einem späteren Abschnitte den Beweis erbringen, dafs diese Ansicht Tailhans völlig verkehrt ist. Allerdings benutzt Pac. auch den liber canonum, aber die weitaus meisten kirchlichen Nachrichten hat er nicht aus den Akten, sondern er folgt hier einer Tradition, die sich im toledanischen Klerus fortgepflanzt hat. Eine solche kann aber nur einem Kleriker zugänglich und bekannt gewesen sein. Pac. ist ferner in kirchlicher Wissenschaft und Litteratur erfahren. Er teilt uns mit, dafs die Werke des Braulio noch zu seiner Zeit eine beliebte Lektüre der Kirche bilden (10). Er kennt die Bücher Isidors von Sevilla (9), die Schriften Gregors und Augustins (13), die des Ildefonsus (22), des Julian von Toledo (26), des Gundericus (30), des Pulcher (77), kennt schliefslich Tertullian und Hieronymus. Die Dogmen seiner Kirche sind ihm hohe, wertvolle Güter. Dafs die Väter auf den Konzilien de sanctae Trinitatis mysterio und de virginitate nostrae dominae Mariae semper virginis beraten, berichtet er lieber als die res mundanae, die ihnen auch vorgelegen haben. Wie ihm die Sekten als errores den veridica Doctorum testimonia gegenüberstehen (6), so preist er den Gotenfürsten Theudimer seiner constantia verae fidei wegen (38). Muhammed ist ihm ductor rebellia adhortans, das Lob, welches seine Quelle diesem Manne zollt, läfst er weg. Er sieht in ihm den Feind seiner Kirche und hat deshalb keine Anerkennung für ihn.

Er fühlt sich auch selbst als Mann des Klerus, seine scharfe Scheidung zwischen clerus und vulgaris populus (25) beweist das. Dem Erzbischof Sindered, der bei der Araberinvasion sein Bistum verlassen hat, wirft er vor, dafs er non ut pastor sed ut mercenarius seine Herde verlassen habe, und das contra decreta majorum (35). Vergehen der Herrscher gegen die Kirche rügt er scharf. Munûsa hat sich an einem Bischof vergriffen, deshalb sieht Pac. in dem grausen Schicksal, welches ihn und seine Gemahlin trifft, den Finger Gottes (58). Und mit Genugthuung erzählt er Abd el-Rahmans Niederlage durch Karl Martell, weil er Kirchen verbrannt und zerstört hat. Rom ist dem Pac. urbium mater et domina (9), die Stadt apostolorum nobilitate decorata. — Die Diktion des Pac. hat viel kirchliches Gepräge; seine Kenntnis der Bibel verrät er mehr als einmal. Den Kampf des Heraklius mit den Persern schildert er nach Art des Kampfes zwischen Goliath und David. Eine Hungersnot bringen angeli[*]) nutu dei ordinati über Spanien (76). Man denkt un-

---

[*]) Aschbach, Geschichte der Omeijaden in Spanien I, 104, versteht unter diesen angeli „Seeräuber, welche von England kamen". Das ist gegen den Text, auch ist sonst über derartige Plünderungszüge englischer Seeräuber an Spaniens Küste nichts bekannt.

willkürlich an den Würgengel Ägyptens. Und so läfst sich noch mancher Bibelanklang finden. Abd el-Malik, der in den Gebirgen von den christlichen Flüchtlingen zurückgeschlagen wird, wird besiegt de dei potentia (60). Der von Juden abstammende (ex traduce Judaeorum) Julian von Toledo ist ihm ut flores rosarum inter vepres spinarum productus (23). Des heiligen Ildefonsus Bücher sind ut anchora fidei, und durch sie werden die Herzen der Leser neu erquickt und die Kleingläubigen getröstet (et a rivulis doctrinarum magnopere consolati sunt pusillanimes). Man betrachte zum Schlufs noch, wie das Interesse des Autors zwischen weltlichen und geistlichen Dingen ungleich geteilt ist. Während er uns über Seiten hin das heilige Abenteuer des Bischofs Tajo in Rom schildert (13), während er uns ausführlich von dem Geschicke des Buches des Julian „de tribus substantiis" erzählt (26), hält er es nicht für nötig, auch nur mit einem Worte der inneren Unruhen unter Wamba in Spanien und Südgallien zu gedenken, über die Julian ein ganzes Buch geschrieben hat. Der Kämpfe Sisebuts und Suinthilas gegen die Römer gedenkt er mit ganz wenigen Worten, während er sich mit dem Widerrufe des häretischen Bischofs Syrus eingehend beschäftigt. Dafs ein Konzil den Egika von dem dem Ervig geleisteten Eide entbunden, erwähnt er, weil das auch kirchliches Interesse hat. Wie Egika dazu gekommen, überhaupt einen solchen Eid zu leisten, darüber geht er hinweg. Kurzum, dafs wir in Pac. einen Kleriker vor uns haben, darf gar nicht geleugnet werden. Wir haben kein Recht, die klerikale Natur eines Mannes von solch kirchlicher Bildung und Anschauung zu bezweifeln, wenn sich nicht das leiseste Moment gegen diese Ansicht vorbringen läfst.

Versuchen wir nun, uns über die politische Gesinnung und Stellung unseres Autors eine feste Vorstellung zu verschaffen. Pac. lebt unter arabischer Oberhoheit weder als ein begeisterter Anhänger noch als ein Widersacher der Chalifen. Er ist eine ähnliche Natur wie der Con., nur dafs sein katholisches Christentum sich hervorragend in all seinen Anschauungen ausspricht. Pac. hat den gröfsten Teil seines Lebens, vielleicht sein ganzes Leben unter arabischer Herrschaft zugebracht und hat sich darein gefunden. Sein Interesse hat sich den Arabern zugewandt. Es erklärt sich dies aus der Art, wie die Araber ihre Herrschaft übten. Sie war streng, aber doch gerecht. Des öfteren erzählt Pac., wie die Walis zu gunsten der Christen gegen die ungerechten Landsleute vorgehen (Pac. 44, 54, 61, 75). Zahlten die Christen nur pünktlich ihre Steuern, dann liefs man sie sonst in verhältnismäſsig freier Stellung. Ihren Glauben abzuleugnen, wurden die Christen nie gezwungen. Die arabische Herrschaft gestattete ein Fortblühen der toledanischen Kirche. Und dies ist gerade ein wichtiger Gesichtspunkt für Pac. Beurteilung. Seine Kirche liefs man ungeschädigt, das war ihm die Hauptsache. So gehört Pac. zu denen, die mit den Umständen rechnen, sie sehen ein, dafs Widerstand unmöglich ist, folglich schicken sie sich in die ja harten, aber doch erträglichen Verhältnisse.

Damit ist nicht gesagt, dafs Pac. die Vergangenheit seines Volkes vergessen habe, nein, im innersten Herzen lebt die Liebe zum Vaterlande. Und dieses Gefühl spricht sich oft genug in seiner Chronik aus. Man lese nur die rührenden Klagen, mit denen er den Sturz des Westgotenreichs begleitet. Und doch ist der Autor mehr Spanier, denn Westgote. Die Gotenherrschaft kennt er ja kaum noch aus eigener Erfahrung. Seine Nachrichten über die Gotenkönige haben deshalb auch keine rechte patriotische Färbung. Nur bei Witizas Regierung erhebt sich der Autor zu einer gewissen Wärme der Darstellung. Aber sein geliebtes Spanien, das bildet den Mittelpunkt seines Interesses, ihm gehört seine ganze Liebe. In beredtem Schmerze klagt er über die Leiden, die über Spanien gekommen sind, und vergleicht sie mit denen, die einst Troja, Jerusalem, Babylon und Rom heimsuchten. Nam si omnia membra, ruft er aus, in linguas verterentur, omnino nequaquam Hispaniae ruinas, vel ejus tot tantaque mala dicere poterit humana natura (37). Mit Feuer zählt er einzeln das mafslose Unglück dieses armen Landes auf, nennt die Araberherrschaft ein efferum regnum, und mit verhaltenem Grimm erzählt er von den Schandthaten des Abd el-'Aziz, Músás Sohnes und Nachfolgers, und betrachtet dessen Ermordung als eine gerechte Sühne für all das Unheil, das er über Spanien gebracht hat. Ebenso hat der Chalif, der den Músá nach seiner Rückkehr aus Spanien so schwer büfsen läfst, nach Pac. Ansicht dei nutu gehandelt (Pac. 38). Mit Stolz berichtet er, dafs sich bei des Wali Abd el-Malik Ankunft, also einige dreifsig Jahre nach der Katastrophe von 711, Spanien bereits vollkommen wieder erholt habe, und er vergleicht es mit einem in Purpurreife prangenden Granatapfel. Die späteren Kämpfe, die die Araber auf Spaniens Boden ausfechten, sind ihm tragica bella, weil sein Spanien schwer darunter zu leiden hat. Heu, proh dolor, Hispaniam adventavit, klagt er, als Baldsch nach Spanien kommt und dadurch den arabischen Bürgerkrieg hervorruft (Pac. 63).

Aus den arabischen Partieen, die Pac. dem Con. entlehnt hat, können wir nichts für seine Charakteristik entnehmen. Er hat die Stücke meist mit der Färbung und Schattierung herübergenommen, die Con. ihnen gegeben hat. Sein Standpunkt ist daher auch der syrisch-omeijadische. Er lobt, was Con. lobt, und tadelt, was jener tadelt. In den späteren eigenen Partieen zeigt sich trotz der glühenden Vaterlandsliebe doch eine gewisse Teilnahmlosigkeit und Resignation. Er erzählt den Sieg Karl Martells zwar lebhaft und anschaulich, jedoch ohne spezielle Teilnahme. Freude darüber, daſs die Bedrücker seines Vaterlandes vernichtet werden, zeigt er hier ebensowenig wie kurz vorher Trauer darüber, daſs seine christlichen Glaubensbrüder unter Eudo von Abd el-Rahman geschlagen werden. Der Maure Munûsa, der sich mit den Franken verbindet und gegen die Araber auflehnt, kommt jammervoll bei diesem Unternehmen um. Das ist eine Strafe Gottes, sagt Pac., dafür, daſs Munûsa einst Christenblut vergossen und den Bischof Anabadus mit seinen Anhängern hat verbrennen lassen (Pac. 58). Daſs hier ein Gegner der Feinde seines Vaterlandes zu Grunde geht, kommt Pac. gar nicht zum Bewuſstsein.

Nur einmal, als Abd el-Malik von den ins Gebirge geflüchteten, unabhängigen Christen geschlagen wird, erzählt er dies mit groſser Genugthuung und sieht in dem Ausgange das Walten Gottes. Doch solche Stellen sind sonst nicht zu finden. Für gewöhnlich scheint die Wunde, die ihm Spaniens Fall geschlagen, vernarbt zu sein, und man merkt, daſs er sich nach Möglichkeit in die neuen Verhältnisse schickt. Schon sein groſses Interesse für die Araber bezeugt dies. Er hat schon ein Werk über die Kämpfe der Araber unter einander in Spanien und Afrika geschrieben. Schlieſslich hat er noch unsere Chronik verfaſst, in der er, gestützt auf den Con., die arabische Geschichte von ihrem Ursprung an bis auf seine Zeit verfolgt. Diese seine Gesinnung befähigt ihn auch, uns die Geschichte der arabischen Herrschaft in Spanien mit Unparteilichkeit zu schildern. Ebenso wie er von der Grausamkeit und Härte mancher Walis erzählt, verfehlt er auch nicht, uns ihre guten Seiten gebührend hervorzuheben, ihre Tüchtigkeit zu schildern, die sich teils in Verwaltung (Pac. 52, 61), teils in Kriegführung (Pac. 48, 75) dokumentiert. Wie unparteiisch ist z. B. der Wali Jahjá geschildert (Pac. 54)! Obwohl er die Christen gegen die Erpressungen der Sarazenen und Mauren in Schutz genommen hat, so veranlaſst doch die Härte und Grausamkeit, mit der er gegen seine Landsleute vorgeht, den Pac., ihn einen terribilis et crudelis potestator zu nennen.

Können wir uns so über des Pac. Unparteilichkeit nur lobend aussprechen, so verdient seine historische Thätigkeit und Tüchtigkeit nicht das gleiche Lob. Man merkt der Chronik an, dafs sie rasch abgefafst ist, besonders in ihrem ersten Teile. Es ist das auch erklärlich, 754 schliefst Pac. dieses Werk ab. In dieser Chronik citiert er eine andere von ihm verfafste, die ebenfalls die Ereignisse bis zum Jahre 754, und zwar sehr eingehend, schildert. Da Pac. unsere Chronik im Jahre 754 abschliefst, zu einer Zeit, wo er bereits eine andere ebenfalls bis 754 gehende Chronik vollendet hatte, so kann er auf jene nur sehr wenig Zeit verwandt haben. Schon die Vergleichung mit Con. zeigt, dafs es Pac. nicht darauf ankommt, die Nachrichten seiner Quelle vollständig wiederzugeben. Zwar ist ja anzuerkennen, dafs er sie alle mit einer sehr minutiösen Chronologie versieht, aber was die Nachrichten selbst angeht, so hat er doch verschiedentlich wichtigere Notizen fortgelassen. Auch hat er den Con. mehrfach mifsverstanden, so macht er Omar II. und Jazīd II. zu Brüdern (44), verlegt falscherweise die Belagerung Constantinopels durch die Araber unter Hischām, statt unter Suleimān (50), schildert den Untergang des Rebellen Jazīd unter dem Chalifen Jazīd II. verkehrt, und so mehreres. Dazu nimmt er verschiedentlich Wendungen aus Con. Chronik herüber, die für seine Zeit gar nicht passen. Alle diese einzelnen Punkte werden im dritten Teile der Arbeit durch eine genaue Vergleichung der beiden Chroniken des näheren begründet werden. Auch die Gotengeschichte in unserer Chronik zeigt uns, wie es Pac. nicht darauf ankommt, eine möglichst vollständige Darstellung zu geben. Die politische Geschichte tritt ganz zurück, und auch von der kirchlichen erwähnt er nur das, was ihm gerade gut scheint, ohne immer das Wichtigste zu treffen. Nicht einmal die toledanischen Konzile giebt er vollständig. Nur das 4., 5., 7., 8., 11., 12., 15. bespricht er, die anderen, so besonders das wichtige 6., läfst er ganz unerwähnt. Aufserdem folgt er für seine Nachrichten nicht immer den besten Quellen. Neben den offiziellen Akten der toledanischen Konzile stützt er sich oft auf eine Überlieferung, die jenen Akten zum Teil widerspricht. Die byzantinische Geschichte berichtet er zwar nach Con., doch daneben mufs ihm noch eine andere Quelle zu Gebote gestanden haben, denn er erweitert des Con. Nachrichten durch anekdotenhafte Zusätze.

Dagegen haben seine Nachrichten von der Eroberung Spaniens an, d. h. von da an, wo er selbständig wird, den gröfsten Wert. Die Fehler seiner Schreibart finden sich ja auch hier, aber es macht den Eindruck, als habe seine Darstellung jetzt, wo ihm die Stütze des Con., die zugleich Fessel war, fehlt, viel freiere Schwingen bekommen. Aufserdem spricht jetzt stets der Zeitgenosse und Augenzeuge zu uns, ein Umstand, der manches Mangelhafte in schriftstellerischer Beziehung wett macht.

§ 4. Sprache, Stil und litterarische Form der Chronik.

Es verlohnt sich, auch der äufseren Gestalt unserer Chronik einige Betrachtung zu widmen, zumal über dieselbe Ansichten als vollkommen sicher kursieren, die der Begründung sehr entbehren.

Das Latein des Pac. steht auf der untersten Stufe mittelalterlicher Latinität. Der alte spanische Gelehrte Vaseo sagt in seinem chronicon Hispaniae (Schott, Hisp. illust. I, 578): portentum potius dixerim, quam chronicon, adeo prodigiose scribit et gothice potius quam latine. Nun so schlimm ist es freilich nicht, aber selbst ein moderner Forscher, und noch dazu ein so besonnener wie Dozy, meint auch, es gäbe kaum noch ein zweites lateinisches Werk, dessen Text so verderbt sei wie der des Pac. Das ist es aber eben, wir müssen uns heute mit so manchem Fehler herumschlagen, den unwissende und fahrlässige Kopisten erst in den Text hineingebracht haben. Freilich datiert diese Verderbung des Textes schon von früher her. Schon Roderich von Toledo mufs eine Handschrift vor sich gehabt haben, die ziemlich dieselben Schwierigkeiten bot, wie unser heutiger Text. Denn sehr oft, wenn man betreffs einer dunklen Stelle in Verlegenheit ist und bei Roderich Rat holen will, mufs man zu seinem Leidwesen entdecken, dafs Roderich wahrscheinlich schon auf dieselbe Schwierigkeit gestofsen ist und dann in den meisten Fällen das Verfahren in der alten, probaten Weise abgekürzt hat, dafs er die unklaren Worte seiner Quelle einfach überschlagen hat. Heutzutage ist man durch vernünftige Konjektur schon ein bedeutendes Stück weitergekommen, und absolut unverständliche Stellen finden sich kaum noch.

Man hatte bisher immer geglaubt, im Pac. einen reinen Prosaschriftsteller vor sich zu haben. Diesen Glauben hat Dozy durch seine zweifelhafte Entdeckung wankend gemacht, dafs Pac. in Reimprosa geschrieben habe (I, 4). Tailhan hat dies begierig aufgenommen und hat in seiner Ausgabe den Text in den von ihm rekonstruierten Reimzeilen, oder wie er sagt, Versen wiedergegeben. Paul Ewald, der im Neuen Archiv X, 604 diese neue Ausgabe ankündigt, sagt: „ob es sonst geboten war, die ja unzweifelhaft vorhandenen Reimzeilen in ihrer unschönen Regellosigkeit auch graphisch zum Ausdruck zu bringen, mag man füglich bezweifeln". Trotzdem ist man, glaube ich, nicht berechtigt, diese Reimprosa des Pac. als absolut sicher hinzustellen. Überhaupt wird man mit der Behauptung der Reimprosa, d. h. mit der Behauptung, daſs der betreffende Autor sie beim Schreiben seines Werkes mit Absicht angewandt habe, sehr vorsichtig umzugehen haben. Jeder lateinische Prosaschriftsteller ist ohne Veränderung und Versetzung des Textes mit wenigen Ausnahmestellen in Verszeilen, resp. gereimte Reihen umzusetzen. Man mache nur den Versuch mit einem beliebig gewählten Stücke aus Livius oder Cicero. Tailhan schlieſst in unserer Chronik von der Reimprosa aus die Daten der byzantinischen Kaiser, den Rahmen des ganzen Werkes, und die beiden letzten Kapitel des Pac., die eine chronologische Schluſsbetrachtung enthalten (nach Tailhan epilogus chronographicus). Hierzu berechtigt ihn nichts, zumal wir aus der handschriftlichen Überlieferung für die ganze Frage weder Gründe noch Gegengründe entnehmen können. Auch diese Stücke in solche Reimzeilen zu zerlegen, wie sie uns Tailhan in dem ganzen übrigen Werke giebt, bietet nicht die geringste Schwierigkeit.

Tailhan erweitert nun aber Dozys Hypothese in bedenklicher Weise, er spricht nicht nur von Reim, sondern auch von Rhythmus, und zwar auch als einer unbestreitbaren Thatsache. Freilich in der Vorrede XVI drückt er sich etwas vorsichtiger aus, er sagt, der Autor habe en prose rhythmoïdale et rimée, in gereimter und etwas rhythmischer Prosa, geschrieben. Trotzdem operiert er mit diesem Rhythmus als einer fixen Thatsache in der Konjekturalkritik. Ich habe von diesem Rhythmus nichts finden können. Dozy sowohl wie Tailhan geben an, daſs die Reimprosa seit dem Ende des 6. Jahrhunderts durch die Schriften des heiligen Augustin und seiner Schüler in Spanien Modesache geworden sei. Dozy führt als Beleg für seine Ansicht eine in Reimprosa verfaſste Inschrift Alphons II. an der Kirche von Oviedo an. Doch aus dem Charakter einer öffentlichen Inschrift auf gleichzeitige litterarische Liebhabereien zu schlieſsen, ist immerhin gewagt. Tailhan behauptet kurzweg, die historia Gothorum des Isidor von Sevilla sei auch en prose rhythmoïdale et rimée geschrieben. Auch dies ist seine Entdeckung. Sehr seltsam ist es auf jeden Fall, dafs Isidor die historia Gothorum in Reimprosa geschrieben haben soll, die historia Vandalorum et Suevorum dagegen nicht, obwohl diese drei Schriften doch bestimmt eng zusammengehören. Betrachtet man die poetische Rekonstruktion unserer Chronik durch Tailhan genauer, so findet man, dafs es ihm gar nicht durchweg gelungen ist, die Reimverse wiederherzustellen, und ferner, dafs er oft Gewalt angewandt hat, um den Text seinem Reimschema gefügig zu machen. Die ganze Reimerei ist auf die denkbar einfachste Weise durchgeführt (fast nur die allergebräuchlichsten Kasus- und Verbalendungen dienen als Reimworte). Doch die Einfachheit würde noch nicht gegen die Originalität sprechen. Man mufs die Schlufsworte der einzelnen Kapitel in Betracht ziehen, und zwar sowohl die der grofsen Abschnitte, d. h. jedesmal das letzte Wort vor dem neuen Byzantinerdatum, als auch die der kleinen Abschnitte, d. h. jedesmal das letzte Wort vor dem sehr oft wiederkehrenden Kapitelanfang hujus temporibus. Denn während es sonst Tailhan freisteht, die Reihen zu endigen, wie es ihm am besten pafst, ist er hier gebunden und mufs zum Schlufswort einen Reim liefern. Meistens gelingt es ihm infolge der Einfachheit der Endung des Schlufswortes, doch nicht immer. Während er z. B. 822/829*) auf das Schlufswort sexto den Reim 7 Zeilen vorher in dem Worte eo finden mufs, mufs er 1040/1042 evertere auf retemptare reimen, ja, mufs 271/286, um den passenden Reim zu finden, über das Byzantinerdatum hinwegspringend, in den nächsten Abschnitt hinübergehen. Immer macht sich Tailhan nicht einmal solche Mühe, findet er für das Schlufswort den passenden Reim nicht, so läfst er die Reihe einfach ungereimt. Freilich nur zweimal, 302 und 743 hält er es für nötig, den Leser darauf aufmerksam zu machen. In folgenden Fällen erspart er sich auch dieses: favore 584, retemptat 644, vitam 1123, rector 1157, habentur 1167, reformavit 1244, pace 1528. Alle diese Wörter sind ohne entsprechenden Reim geblieben. Wäre Tailhan konsequent gewesen, und hätte er die beiden letzten Kapitel der Chronik auch mit gereimt, so würde er auch hier für das Schlufswort conscripserunt keinen Reim

---

*) Bei dieser Kritik der Reimrekonstruktion durch Tailhan citiere ich der Einfachheit halber die Verszahlen nach der Tailhanschen Ausgabe, nicht wie sonst nach den Kapitelzahlen der Florez-Ausgabe.

gefunden haben (vielleicht der Grund, weshalb Pac. diese beiden letzten Kapitel ungereimt läſst!). Ungereimte Verse innerhalb der Kapitel sind z. B. 514, 559, 1213. Auch sonst muſs Tailhan oft zur Konjektur greifen, um seine Reime herauszubekommen. Gegen Konjektur ist natürlich bei einem durch Abschreiben so stark verderbten Werke nichts zu sagen, doch wenn die Konjektur sich nur auf die Reimtendenz gründet (homophoniae gratia oder gar rhythmus et homophonia postulant, pflegt Tailhan zu sagen) und noch dazu in den Handschriften nicht die geringste Stütze hat, so ist sie mit groſser Vorsicht anzuwenden. Proben derartiger Konjektur ohne handschriftliche Begründung sind 108, 498, 505, 621, 660, 774*), 866, 1168, 1260, 1622, 1875. Nimmt Tailhan bei diesen Konjekturen von den Handschriften gar keine Notiz, so wendet er hinwiederum bei doppelter Überlieferung nicht die beste und sinngemäſseste Lesart, sondern stets die reimgemäſseste und daher oft die schlechteste und am wenigsten bezeugte an (cf. 237, 674, 691, 834, 862, 1184, 1327, 1465, 1622, 1692 und viele andere Stellen). Nach alle diesem werden wir es Tailhan verzeihen, wenn er öfters lange Vokale auf kurze reimt, wie z. 218/219 und 254/255. Auch da, wo es Tailhan gelungen ist, ohne Veränderung und Verstellung des Textes gereimte Zeilen zu bilden, sieht man doch dem Ganzen das Unnatürliche und Gekünstelte zu oft an, und Stellen wie 1023/1024, wo auf eine 3silbige Reimzeile eine 8silbige folgt (cf. 493/494 und 1031/1032 u. v. a.), verraten doch mehr die Verlegenheit des späteren Reimzusammenstellers als die Talentlosigkeit des ursprünglich reimenden Autors. Womit will uns aber schlieſslich Tailhan plausibel machen, daſs diese Reimanordnung, so wie er sie giebt, die allein richtige ist? Der geringste Versuch zeigt, daſs es sehr leicht und möglich ist, andere Reimzeilen und andere Reime aus demselben Texte herauszubilden, auch ohne Vergewaltigung desselben. Um zum Endergebnis zu kommen, es ist Tailhan nicht gelungen, uns die Richtigkeit der von Dozy aufgestellten und von ihm praktisch durchgeführten Hypothese unwiderlegbar und annehmbar zu machen. Hätte Pac. mit bewuſster Absicht

---

*) Vers 774 schiebt Tailhan, um einen Reim zu exposuerat zu bekommen, ohne jede handschriftliche Stütze das Wort retemptat ein. In der Note sagt er: supplendum sensus et homophonia postulant. Doch es ist nur die Reimtendenz, die ihn zur Konjektur genötigt hat. Der Sinn verlangt das nicht. Man fasse nur quattuor per annos belligerando gentes zusammen, so ist die Stelle vollkommen verständlich.

in Reimprosa geschrieben, so dürften nicht so viele Schwierigkeiten, die dagegen sprechen, vorhanden sein, besonders nicht die, die sich an die Schlußworte der Kapitel anknüpfen. Wenn man freilich die graphisch schön zum Ausdruck gebrachte Reimprosa in Tailhans Ausgabe betrachtet, so kommt es einem hart an, diese zahlreichen Reime für zufällig zu erklären. Aber der Druck täuscht. Man betrachte des Florez Ausgabe unbefangen; hier wird man so leicht nicht auf den Gedanken der Reimprosa kommen. Die von Tailhan faktisch durchgeführte Reimerei erklärt sich aus dem formalen Charakter der lateinischen Sprache und der Schreibweise unseres Autors. Die Diktion des Pac. ist wortreich, schwülstig, oft tautologisch; dabei ist es seine Neigung, einfache Gedanken zu verklausulieren und die einzelnen Sätze durch Nebenkonstruktionen, besonders durch Participial- und Gerundivformen, gleichsam auszustopfen. Alles dieses, besonders aber noch die zahlreichen chronologischen Angaben, ergeben bei dem einfachen, gleichmäßigen und konsequenten Formalcharakter der lateinischen Sprache ganz von selbst gleich endigende Wörter in Menge, die in Reimzeilen abzuteilen nicht schwierig ist.

Wir kommen demnach zu dem umgekehrten Schlusse wie Dozy. Er nimmt an, daß Pac. Reimprosa geschrieben habe, und erklärt daraus dessen gedrechselte Schreibart. Wir dagegen nehmen an, daß gerade die geschraubte und manierierte Schreibart des Pac. den Anlaß zu der Annahme gegeben hat, Pac. habe in Reimprosa geschrieben.

Wir haben schon kurz auf die Schreibweise des Pac. hingewiesen, sie ist eine höchst eigentümliche. Alles mit möglichst vielen Worten in möglichst verschlungenen Konstruktionen darzustellen, das ist sein Steckenpferd. Überhaupt ist seine Aufmerksamkeit wesentlich auf das Äußerliche der Diktion gerichtet. Durch einzelne Wendungen und Phrasen nicht gerade ganz prosaischen Charakters sucht er seiner Darstellung Schmuck zu verleihen. Das beeinträchtigt die Klarheit derselben und erschwert das Verständnis. Wir können seine Lieblingsneigung am besten in den Partieen verfolgen, in denen er den Con. ausschreibt. Statt der einfachen Wendungen des Con. setzt Pac. solche, die mehr rhetorischen Charakter tragen. Durch Häufung von Synonymen erweitert er des Con. einfache Sätze. So sagt z. B. Con. 12. Saraceni furtim magis quam publicis obreptionibus adjacentes civitates stimulant. Daraus macht Pac. 3 Saraceni Syriam, Arabiam et Mesopotamiam furtim magis quam virtute sibi vendicant, atque non tantum publicis irruptionibus quantum clanculis incursationibus perseverando vicinas provincias vastant, sicque eo modo arte fraudeque, non virtute cunctas adjacentes civitates stimulant. — Con. 29 heifst es: Constans vix cum paucis per fugam evasit. Dafür Pac. 16: vix aequorabiliter aufugiens lapsus evasit. Oder Con. 29 heifst es: Abdalla post multas desolationes effectas, victas vastatasque provincias in fidem accepit et Africam adventavit. Dafür Pac. 16: post multas desolationes effectas vel diversas patrias victas atque provincias vastas edomitas sive plurimas catervas in fide acceptas Africam adventavit. Überall hat Pac. den Gedanken des Con. ausgesponnen. Gern gebraucht er für des Con. einfache Wendungen solche mehr rhetorischen Charakters, z. B. Con. 6: ut illi totius administratio contraderetur imperii. Dafür Pac. 1: ut digne frueretur imperio. — Con. 6: Phocam captum offerunt jugulandum. Dafür Pac. 1: Phocam captum flammigero feriunt gladio. — Con. 10: gens Persarum prosiliens .... stimulat. Dafür Pac. 1: Persae, confidentes ex virtute et numero, stimulant. — Con. 11: Heraclius viribus adunatis proficiscitur. Dafür Pac. 1: cum omni manu ferrea proficiscitur. — Con. 12: Saraceni rebellantes .... Dafür Pac. 3: postmodum jugum a cervice excutientes, aperte rebellant. — Con. 29: Abdalla Africam adventavit. Dafür Pac. 16 Africam adventavit cum omnibus praeliatorum phalangibus. — Con. 25 triumphum victoriae deportarent. Dafür Pac. 5 triumphum victoriae deportaret tam in terrestri quam in aoquoreo praelio. Seltenere Wörter sind besonders des Pac. Freude. So braucht er z. B. Kap. 16 lembus für rates des Con. 29 oder Kap. 20 autumant für putant des Con. 41. Die Nachricht des Con. 6: navale proelium contra rem publicam ändert Pac. um in: contra rem publicam consilio definito aequoreo. Und so lassen sich noch viele Wörter und Redensarten finden, die wir sonst in der Litteratur der infima latinitas selten antreffen.

Die Neigung zu breitem Erzählen bringt den Pac. auch zuweilen zu Wiederholungen. So führt er zweimal Abu Bekrs Thaten auf (4), schildert zweimal die Kämpfe des Theodorus mit den Sarazenen und die Eroberung von Damaskus (3 und 4), zweimal die Seekämpfe der Araber unter Mu'âwia gegen Kaiser Constans (16 und 14), zweimal den Sturz des Westgotenreiches (33 und 34), zweimal die Erhebung Marwân II. gegen Ibrahîm (73 und 74) und zweimal dessen Vernichtung durch Câlih, den Oheim Abdallahs (74 und 78). Des Con. Nachricht von der Eroberung Pergamums (Con. 47) unter

Walid zerreifst er in zwei und erzählt fast mit gleichen Worten Kap. 41 die Eroberung Asiens und Kap. 43 die Eroberung Pergamums. Der Tummelplatz für des Pac. Neigung zu umständlicher und wortreicher Darstellung ist ihm seine Chronologie. Nach fünf Epochen wird jedes Ereignis datiert. Hier kommt er wirklich manchmal zu wahren Monstrositäten (cf. Pac. 28)*), die er dann aber durch lieblichen Wechsel im Ausdruck mundgerecht zu machen sucht (cf. Pac. 65).**)

§ 5. Der Name Isidorus Pacensis.

Unsere Chronik gilt gemeiniglich als das Werk eines Isidorus Pacensis. Was zunächst den Namen des Autors anbetrifft, so hält dessen Echtheit vor der Kritik nicht stand. Da der Handschriftenbefund sich im Laufe der Jahre verringert hat, so sind wir genötigt, ältere Forscher zu berücksichtigen, denen noch Manuskripte zugänglich gewesen sind, die wir nicht mehr kennen. Florez beruft sich auf das Zeugnis des Bischofs Pelagius von Oviedo und auf das des spanischen Gelehrten Vaseo und behauptet, auf deren Aussage gestützt, die historische Echtheit des Namens Isidorus Pacensis für unsern Autor. Ein anderes Zeugnis, das des Niclas Antonio, der behauptet, dafs zwei alte Codices, Complutensis und Oxomensis, die Chronik unter Isidorus Pacensis' Namen aufführen, verwirft Florez, indem er sich auf Mariana beruft, der ausdrücklich sagt: ex vetusto codice Oxomensi sine nota auctoris. Dagegen macht Tailhan geltend, dafs in allen uns bekannten Handschriften die Chronik, falls sie nicht anonym dasteht, unter dem Namen des Isidorus von Sevilla verzeichnet ist, sowohl in dem Hauptregister des Bandes wie in dem laufenden Titel auf der ersten Seite eines jeden Blattes, wie z. B. in der Handschrift des Arsenal.***) Ferner hat Perez, ein anderer

---

*) Pac. 28. hujus temporibus in aera septingentesima trigesima sexta septima et octava, anno imperii ejus primo secundo et tertio, Arabum LXXIX, LXXX, LXXXI Abdelmelic regnans peregit tertium decimum, quartum decimum et decimum quintum annum.

**) Pac. 65. collectus est exercitus completa aera suprafata, anno imperii Leonis supra dicto, Arabum jam praescripto, Hiscam Amiralmuminin jam notato.

***) Diese Handschrift ist in Tailhans Werk faksimiliert. Man vergleiche Beilage 10, 12, 14, 16, 18, wo man überall das Ysidorus minor finden wird. — Dies würde an sich kein vollgültiger Beweis sein, denn nach Marianas Zeugnis (Florez, Esp. sagr. VIII, 167) führt sowohl Isidor von Sevilla als auch unser Pac. den Beinamen Isidorus minor im Gegensatze zu einem älteren Isidor von

spanischer Gelehrter, dem Isidorus Pacensis die Autorschaft unserer Chronik nur zuerkannt auf die Autorität des Vaseo hin; folglich stand der Name des Verfassers auch nicht in seinem Codex. Nach Tailhan dürfen wir, da wir in völliger Unkenntnis über den Wert und das Alter der Handschrift des Vaseo sind, mit dessen Zeugnis nicht operieren. Es bleibt also für die Behauptung des Namens Isidorus Pacensis nur das Zeugnis des Pelagius von Oviedo. Dieses lautet (nach Tailhan): Cod. Ovetensis 4. Bl. 1. Col. incipit liber cronicorum ab exordio mundi usque aera M; C; LXX. Karissimi fratres, si cronicam hanc quam aspicitis bono animo eam legatis, invenietis quomodo junior Isidorus, Pacensis ecclesie ēps, sicut in Veteri Testamento et Novo legit et per Spiritum sanctum intellexit, ita ab Adam usque ad Noe et usque ad Abraham, Moysen et alios et usque adventum ñri Redemptoris et de judicibus sive et regibus in Israel, et de Romanis regibus, sive et imperatoribus et de Guandalis et Alanis sive et Suevis Yspanis regibus, sicut a majoribus et predecessoribus suis inquisivit et audivit plenissime scripsit. Et beatus Isidorus Ispalensis Ecclesiae (ēps), de quo nunc Legionensis gaudet ecclesia, et (de) regibus Gotorum a primo Atanarico rege ipsorum usque ad catholicam Vambanum regem Gothorum prout potuit, plenissime exposuit.

In diesen Worten bezeugt Pelagius den Isidorus Pacensis als Verfasser eines chronicon mundi, der historia Vandalorum et Suevorum und den Isidor von Sevilla als Verfasser einer Geschichte der gotischen Könige von Athanarich bis Wamba. Das chronicon mundi sowie die hist. Vand. et Suev. sind aber anerkanntermafsen Werke des Isidor von Sevilla. „Man sieht," sagt Tailhan (VIII¹²), „um den Isidor für den Raub zu entschädigen, dessen Opfer er zu gunsten des chimärischen Isidor von Beja geworden ist, schreibt Pelagius ohne viele Umstände ihm die historia Wambae zu, ein Werk des heiligen Julian von Toledo." Das ist ganz verkehrt. Von der historia Wambae des Julian von Toledo ist hier gar nicht die Rede. Das Werk des Julian behandelt nur die Regierung des Wamba, oder genauer den Aufstand des Paul von Narbonne gegen Wamba; in der oben angeführten Stelle des Pelagius ist aber die Rede von einer

---

Cordoba, der unter dem Kaiser Honorius lebte. Da aber in dem Codex des Arsenal die historia Gothorum, Vandalorum, Suevorum auch den Titel Isidorus minor trägt und hier bestimmt Isidor von Sevilla gemeint ist, so ist er auch in der Überschrift unserer Chronik, die sich direkt an die obigen Chroniken anschliefst, gemeint.

Gotengeschichte von Athanarich bis Wamba. Ein derartiges Werk besitzen wir heutzutage nicht mehr, denn die historia Gothorum des Isidor von Sevilla geht nur bis zum Könige Suinthila. Auch kann es nicht von Isidor von Sevilla geschrieben sein, der längst vor Wamba starb. Die ganze Stelle des Pelagius beweist nicht das Geringste für die Existenz des Isidorus Pacensis. Die als sein Eigentum angeführten Schriften gehören dem Isidor von Sevilla, und unsere Chronik, als deren Verfasser Florez den Isidorus Pacensis nachweisen will, wird in des Pelagius Zeugnis gar nicht erwähnt.

Es bleibt also nur Vaseos Zeugnis. Doch einmal fehlt uns die Kontrolle, sodann kann sich dessen Zeugnis auch auf Pelagius gründen, und ist also für uns nicht beweiskräftig. Man wird deshalb Tailhan recht geben und zugestehen müssen, dafs die Überlieferung uns nicht dazu berechtigt, einen Isidorus Pacensis, Bischof von Beja, für den Verfasser unserer Chronik zu halten. Der Name des Autors ist so schlecht beglaubigt, dafs wir, solange nicht neue Quellen mit neuen Belegen auftauchen, kritisch verpflichtet sind, ihn zu streichen.

Tailhan macht einen nicht uninteressanten Versuch, überhaupt das Aufkommen des Namens Isidorus Pacensis zu erklären. Er meint, Pelagius habe in seiner Handschrift, die er kopierte, den bischöflichen Titel des Isidor von Sevilla verstümmelt*) vorgefunden als Isidorus Pacensis ēps (statt Ispalensis). Da ihm ein ēps Palensis nicht bekannt war, habe er Pacensis daraus gemacht, ein Wort, das durch die Unterschriften in den alten gotisch-spanischen Konzilsakten ganz bekannt war. So sei Isidorus Pacensis in die Welt gekommen und auf Kosten seines Namensvetters zum Historiker gemacht. Später, als man ihm die Werke des grofsen Isidor wieder genommen, habe man ihm seine litterarische Autorschaft nicht ganz zu nehmen gewagt und habe unsere Chronik, die keinen Vater hatte, ihm gegeben, der kein Kind hatte.

Dieser Versuch Tailhans, zu dem ihm Dozy (Recherches II, 2) die Wege gewiesen hat, ist ohne Zweifel richtig und bietet eine einfache und treffende Lösung.

---

*) Als Beispiel derartiger Verstümmelung führt Tailhan das kurze chronicon sc. Isid. Legionensis anonymum an, wo in der Handschrift in der 2. Reihe wirklich statt Isidorus Hispalensis episcopus das verstümmelte Isidorus Pacensis episcopus steht, während eine Variante den Übergang Spalensis darbietet (cf. Tailhan 196 und Beilage 19, 2. Reihe von oben).

§ 6. Die anderen Werke des sog. Isidorus Pacensis.

Es bleibt uns noch übrig, einen Blick auf die anderweitige litterarische Thätigkeit unseres Autors zu werfen. Dreimal verweist Pac. auf ein anderes von ihm verfafstes Werk. Es sind dies folgende Stellen: Kap. 65 heifst es: sed quia nequaquam ea ignorat omnis Hispania, ideo illa minime recenseri tam tragica bella ista decrevit historia; quia jam in alia epitome, qualiter cuncta extiterunt gesta, patenter et paginaliter manent nostro stylo conscripta. Durch dies Citat bricht Pac. seine Erzählung gerade ab, als die Darstellung bei den Kämpfen zwischen Baldsch und dem Sohne des Abd el-Malik angelangt ist. Er verweist auf seine andere Schrift, in der diese Kämpfe, d. h. die der Araber unter einander, geschildert werden. Ferner heist es Kap. 70: quisquis vero hujus rei gesta cupit scire, singula in epitome temporum legat, quam dudum collegimus, in qua cuncta reperiet enodata; ubi et praelia Maurorum adversus Cultum dimicantium cuncta reperiet scripta et Hispaniae bella eo tempore imminentia releget annotata. Pac. bricht hier ab in der Erzählung der Kämpfe des Abû 'l-Khattâr und des Thoâba, für die er auf eine epitome temporum verweist, in der, wie er sagt, auch die Kämpfe der Araber und Mauern geschildert sind. Schliefslich heifst es Kap. 78: reliqua vero gesta eorum, qualiter pugnando utraeque partes conflictae sunt, vel qualiter Hispaniae bella sub principibus Belgi, Thoaba et Humeya concreta sunt, vel per Abulcatar exempta sunt, atque sub principio Juzif, quo ordine aemuli ejus deleti sunt. Nonne haec scripta sunt in libro verborum dierum saeculi, quem Chronicis praeteritis ad singula addere procuravimus? Pac. bricht seine Erzählung hier ab nach dem Siege des ersten 'Abbasiden über Marwân II. Er verweist dann für die Araberkämpfe im Orient sowohl wie für die in Spanien auf seinen liber verborum etc., quem chronicis praeteritis ad singula addere procuravit.

Aus diesen drei Hinweisen schliefst Tailhan, dafs Pac. aufser unserer Chronik noch zwei andere geschrieben habe, eine epitome temporum und einen liber verborum dierum saeculi. Er nimmt also ohne weiteres an, dafs die beiden ersten Citate auf ein und dasselbe Werk gehen. Tailhans Ansicht stützt sich nur auf den Ausdruck epitome; weil zweimal von einer epitome die Rede ist, so mufs das dasselbe Werk sein, während das liber titulierte ein anderes ist. Doch aus den Angaben, die Pac. selbst über den Inhalt dieser Werke macht,

scheint mir hervorzugehen, dafs hier nur von einem Werke die
Rede ist. In allen drei Citaten verweist Pac. auf die dort ge-
schilderten Kämpfe der Araber, und je nach der betreffenden Stelle,
an der er gerade aufhört, giebt er ein spezielles Citat. So verweist
er bei Baldsch auf dessen Kämpfe mit Omeija, bei Thoâba auf dessen
Kämpfe mit Abú 'l-Khattâr und zuletzt bei Jûsuf auf das ganze Werk,
zurück von Baldsch' Kämpfen an bis auf die des Jûsuf. Es ist nicht
anzunehmen, dafs Pac. zwei Werke über denselben Gegenstand geschrieben hat. Hütet er sich doch schon in unserer Chronik, noch
einmal die Dinge zu behandeln, die er bereits in seinem ersten Werke
geschildert; wie wird er da denselben Gegenstand zweimal, und noch
dazu beide Male im Detail, beschrieben haben. Tailhans Ansicht ist
deshalb als irrig zu verwerfen. Aufser unserer Chronik hat Pac. nur
noch eine Chronik geschrieben. Diese hat eingehend behandelt die
Kämpfe der Araber unter einander in Spanien, die der Araber und
Mauren in Nordafrika und die der Araber im Orient, die veranlafst wurden
durch die Erhebung des ersten 'abbasidischen Chalifen. Dafs Pac.
dies andere Werk in dreifacher Weise citiert, kann gar nicht
befremden. Man citierte im Altertum und Mittelalter gar nicht
mit der uns heute gewohnten Gewissenhaftigkeit und Genauigkeit.
Den eigentlichen Titel führt Pac. nur in der letzten Stelle an, er
lautet liber verborum dierum saeculi. Dagegen epitome und epitome
temporum sind gar keine Titel, das sind einfache Appellativa, die
„Chronik, Zeitgeschichte" bedeuten. Die chronica praeterita, die
Pac. Kap. 78 erwähnt, sind nicht andere von ihm verfafste Chroniken,
sondern die seiner Vorgänger.

Vermutlich haben wir in den Kap. 38 und 39 des Pac., die
von dem Gotenfürsten Theudimer und seinem Sohne Athanaild handeln, noch ein Bruchstück aus dem ersten Werke unseres Autors.
Dafs dies so unmittelbar aus der Zeit, die es schildert, heraus ent-
standene Werk verloren gegangen ist, ist sehr bedauerlich.

Teil III.
Übersicht und Prüfung der Nachrichten der beiden Chroniken.

Die Fragen nach dem Text, dem Verfasser, der Abfassungszeit
und dem gegenseitigen Verhältnis der beiden Chroniken sind er-

ledigt. Es bleibt übrig, ihre Nachrichten selbst Revue passieren zu lassen und nötigenfalls zu interpretieren. So wird einmal dem Leser die Möglichkeit geboten, an der Hand des vorliegenden Nachrichtenmaterials selbst die in den ersten beiden Teilen aufgestellten Behauptungen zu prüfen; sodann aber wird es nur so möglich sein, ein abschliefsendes Urteil über den Wert der beiden Werke als historischer Quellen abzugeben.

Es ist festgestellt worden, dafs die Chroniken aus Elementen des verschiedensten Ursprungs zusammengesetzt sind. Berücksichtigen wir das bei der Betrachtung ihres Inhalts. Beide Chroniken geben, wie sie uns vorliegen, byzantinische, arabische und gotische Nachrichten. Nach der obigen Beweisführung haben wir für die spanische Geschichte nur Pac. in Betracht zu ziehen, für die byzantinische und arabische Geschichte dagegen beide, den Con. als das Original, den Pac. als die Ableitung. Es wird demnach zweckmäfsig sein, die Nachrichten stofflich zu sondern und sie nicht in der Reihenfolge des Textes durchzugehen. Dafs wir die beiden Chroniken nicht einzeln betrachten, sondern stets beide zugleich überschauen, bedarf keiner Begründung.

Wir prüfen zunächst die Nachrichten über die byzantinischen Kaiser, dann begleiten wir die Reihe der Chalifen bis zum Sturze der Omeijaden. Die Eroberung Spaniens lassen wir hierbei zunächst aufser acht. Hierauf verfolgen wir die gotische Geschichte bis auf Roderich. Es folgt eine Untersuchung über die Vernichtung der Westgotenmacht durch die Araber. Zum Schlufs bildet die Herrschaft der spanischen Walis den Gegenstand unserer Betrachtung.

§ 1. Die Nachrichten über die byzantinischen Kaiser.

Die ursprüngliche Chronik des Con. begann mit Kaiser Phokas. Die Notiz über ihn gehört nicht dem ersten Interpolator des Con. an, denn die Nachricht, die das Chronikon des Isidor von Sevilla giebt, die einzige Quelle, die dieser spanische Interpolator benutzt haben würde, lautet völlig anders (Chr. 5809). Pac. hat die Phokasnachricht nicht aus Con. entlehnt, er will eine Fortsetzung des Isidor von Sevilla geben, folglich beginnt er mit Heraklius, mit dem jener aufhört. Die Erzählung verläuft bei Pac. und Con. ganz gleich, oft in wörtlicher Übereinstimmung. Pac. hat nicht alles excerpiert, es fehlt ihm die Nachricht, dafs nach den ersten Kämpfen des Theodorus gegen die Sarazenen Heraklius die gesamten Streitkräfte seines Reiches zusammengezogen habe (Con. 14). Aufserdem berichtet Con. allein den Tod des Heraklius (Con. 22). Sonst hat Pac., mit Ausnahme der Nachricht vom Einfall der Slaven in Griechenland, die Isidor von Sevilla entstammt, alles getreulich aus Con. entnommen. Daneben mufs er noch irgend eine andere Überlieferung gehabt haben. Im Kampfe des Heraklius gegen die Perser berichtet Pac. (1, 2) sehr ausführlich einen Zweikampf des Heraklius mit einem gewaltigen Perser. Diese anekdotenhafte Erzählung, die in manchen Zügen an die Goliathgeschichte erinnert, sowie die Nachricht, dafs nach Beendigung des Perserkrieges Heraklius sein Heer reichlich belohnt habe (Pac. 2), stammen aus der byzantinischen Überlieferung. Den Einflufs dieser Quelle merken wir noch des weiteren bei Pac. Con. erzählt, dafs Heraklius die Perser besiegt habe und ruhmbeladen nach Byzanz zurückgekehrt sei. Dann folgen die Kämpfe des Theodorus mit den Arabern, aus denen Heraklius seinen Bruder zurückruft, weil er als Astrolog kommendes Unheil voraussieht. Mit Hülfe der byzantinischen Quelle, die er selbst durch sein ut ferunt angiebt, macht Pac. daraus folgendes: Heraklius kehrt siegreich zurück, vom Volke hochgeehrt, das aber nicht Gott, sondern ihm die Ehre erweist, was Heraklius auch ohne Widerstreben annimmt. Zur Strafe dafür wird er im Traume erschreckt, indem Wüstenmäuse ihn zerfressen (ut a muribus eremi immisericorditer vastaretur). Roderich von Toledo macht in seiner arabischen Geschichte Kap. 4 den Traum vorstellbarer (somniavit, quod mures e terra nascentes sibi extrema vestium corrodebant). Infolge dieses Traumes, der oft wiederkehrt, rät der der Astrologie kundige Heraklius dem Bruder, vom Kampfe abzustehen.

Von nun an werden bei unseren beiden Autoren die byzantinischen Nachrichten sehr kurz, sie beschränken sich auf das Allernotwendigste. Bei Pac. erhalten sie eine feste Form; die Wendung imperio coronatur, die er der Herakliuserzählung des Con. entnommen hat, wird stehend, während bei Con. die Wendungen, mit denen er die Thronbesteigungen ausdrückt, wechseln.

Constantinus (Con. 23, Pac. 12), Sohn und Nachfolger des Heraklius, übernimmt nach Con. senatu contradicente die Regierung. Dem Pac. fehlt dieser Zusatz.

Die Erzählung von der Verschwörung gegen Constans II. ist bei beiden gleich. Die allgemein gehaltene Notiz des Pac. cum Arabibus navali praelio acriter dimicavit (Pac. 14) ist dem Berichte des Con. über die arabischen Kämpfe (Con. 29), den Pac. später selbst noch giebt (Pac. 16), entnommen. Die Nachricht über die Sonnenfinsternis unter Constans II. hat Pac. aus seiner byzantinischen Überlieferung. Con. weifs davon nichts. Der Relativsatz zu Constans II. bei Con. 29 „qui rem publicam fomitibus praecurrebat" ist unverständlich. Pac. läfst ihn fort.

Die Thronbesteigung des Constantinus Pogonatus ist von beiden gleich erzählt. Zu beachten ist, dafs in den Worten Pac. 17: cum classe qua potuit palatium petit et thronum conscendit das Wort classis nicht „Flotte", sondern „Heer, Truppen" bedeutet. Diese Annahme, die Dozy bei Kap. 61 und 68 gemacht hat, findet in unserer Stelle ihre Bestätigung.

Bei Justinian, der nach Con. a senatu regno praeficitur, hat Pac. die Mitwirkung des Senats wieder fortgelassen (Con. 36, Pac. 24).

Die sehr kurzen Nachrichten über die folgenden Kaiser Leo (Con. 40, Pac. 27), Absimarus (Con. 41, Pac. 30), über Justinians zweite Herrschaft (Con. 44, Pac. 31), über Philippicus, Anastasius und Arthemius (Con. 46, Pac. 43, 44, 46) sind wörtlich übereinstimmend. Während Con. die Regierungszeiten der drei letzten Kaiser zusammen auf 5 Jahre angiebt, zählt Pac. sie einzeln

(Philippicus = quadrans cum anno,
Anastasius = dodrans cum anno,
Arthemius = duos annos)

und kommt auch zu der Summe von fünf Jahren. Die Einzelheiten wird Pac. aus seiner byzantinischen Überlieferung haben.

Leo der Isaurier ist der letzte vom Con. erwähnte römische Kaiser (Con. 48, Pac. 50). Pac. führt Kap. 71 noch den Constantinus Copronymus an und giebt einen kurzen Bericht über den Bürgerkrieg desselben mit Artabasdus, der aber in manchen Einzelheiten von den byzantinischen Autoren berichtigt wird.

Übersehen wir diese byzantinischen Nachrichten noch einmal in ihrer Gesamtheit, so ergiebt sich folgendes. Pac. hat, soweit Con. reicht, stets diesen seiner Darstellung zu Grunde gelegt, hat sich ihm meistens wörtlich angeschlossen, doch Einzelheiten übersehen. Neben dem Con. hat ihm noch eine byzantinische Überlieferung zur Seite gestanden. Er entnimmt ihr sagenhafte Momente, Nachrichten über Naturerscheinungen und chronologische Vermerke. Ob diese Überlieferung mündlicher oder schriftlicher Art war, läfst sich kaum entscheiden, die genauen Angaben über die Regierungszeiten der byzantinischen Kaiser sprechen eher für das letztere. Eine solche Tradition konnte dem in Spanien lebenden Autor leicht durch die Vermittlung der Araber zukommen, zumal da eine Verbindung mit dem Orient durch die gewaltigen, in der Araber Hand vereinigten Ländermassen hergestellt war. Die Nachrichten über Constantinus Copronymus (Pac. 71) stammen so wie so aus mündlicher Überlieferung, denn sie handeln von einem Zeitgenossen und berichten von Ereignissen, die in die Zeit unseres Autors fallen.

Besonders hoch brauchen wir diese byzantinischen Nachrichten des Con. und des Pac. nicht zu veranschlagen. Wesentlich Neues bieten sie nicht. Beiden Autoren sind diese kurzen Notizen nur Mittel zum Zweck; nur um ein festes Gerippe für ihre Darstellung zu erhalten, haben sie dieselben ihren Werken eingefügt.

§ 2. Die Nachrichten über die Chalifen bis zum Untergange der Omeijaden.

Viel wichtiger als die byzantinischen Nachrichten ist das, was wir aus unseren Chroniken über die Araber erfahren. Con. ist hier bis zu seinem letzten Kapitel von Pac. benutzt, und zwar hat Pac., soweit Con. reicht, nur diesen als Quelle. Von da an wird er selbständig und berichtet als Zeitgenosse, über die spanischen Ereignisse auch als Augenzeuge. Des Con. Nachrichten reichen bis zum Chalifen Hischâm. Pac.' selbständige Darstellung setzt schon bei der Eroberung des Westgotenreiches ein. Daneben aber fügt er doch in seine eigene originale Darstellung an den betreffenden Stellen die wenigen noch über Spaniens Fall hinausreichenden Kapitel des Con. ein; ein Beweis, wie hoch Pac. diese Quelle geschätzt hat. Wie recht er daran gethan hat, den Con. als Quelle zu achten, und wie auch wir nicht nur im Con., sondern auch in seinem Excerptor und Fortsetzer Pac. wertvolle historische Quellen zu sehen haben, das wird eine genauere Untersuchung ihrer Nachrichten lehren. Wir würden aber unsere Aufgabe nur halb lösen, wollten wir das historische Material unserer Chroniken für sich allein in Betracht ziehen. Wir sind vielmehr verpflichtet, es im einzelnen mit dem der anderen historischen Quellen über dieselbe Zeit und denselben Gegenstand zu vergleichen.

Ältere oder mit Con. und Pac. gleichzeitige lateinische Chroniken über diese Zeit giebt es nicht. Auch nach Pac. sind es nur wenige, die in Frage kommen. Die Chronik von Albelda*) aus der Mitte des 9. Jahrhunderts, die für die ältere Zeit kaum mehr als Namen bietet, und die Chronik des Sebastian von Salamanka**) aus dem Ende des 9. Jahrhunderts., welche beide den Pac. sicher nicht gekannt haben, werden wir nur gelegentlich nötig haben. Mehr interessieren uns die Werke Roderichs von Toledo***), seine spanische Chronik und seine arabische Geschichte. Roderich hat den Pac. sehr gründlich ausgeschrieben, besonders in dem zweiten Werke. Seine Fähigkeit als Historiker ist indessen nicht sehr grofs. Es begegnen ihm beim Ausschreiben des Pac. die heillosesten Dinge. Immerhin leistet er zuweilen gute Dienste zum Verständnis des Pac. Er hat nur den Pac. benutzt, den Con. dagegen gar nicht gekannt; das läfst sich leicht und sicher nachweisen. Eigentümlich ist es überhaupt, dafs sich, wenn wir von Pac. absehen, nicht die leiseste Spur einer Benutzung des Con. aufweisen läfst. Nur in einer einzigen, noch dazu ganz späten, aus dem Anfang des 15. Jahrhunderts stammenden Darstellung habe ich ihn benutzt gefunden.

In Schotts Hispania illustrata befindet sich III, 1—281 ein Stück, überschrieben „Indices rerum ab Aragoniae regibus gestarum", welches bis zum Jahre 1410 reicht. Irgendwelche Notiz über Autor und Abfassungszeit fehlt. In der Einleitung wird ein kurzes Resumé der arabischen Geschichte bis 711 gegeben, bei welchem der Verfasser sicher Con. vor Augen gehabt hat. Dies wird dadurch bewiesen, dafs er das Kap. 38 des Con., welches das Testament des Chalifen Marwân enthält, zum grofsen Teile wörtlich aufgenommen hat und ebenso die Notiz aus dem 45. Kap. des Con. über den Sturz des Westgotenreiches. Der Autor citiert sogar unsern Con., freilich ohne Namennennung, ut vetustus ejusdem aetatis scriptor perhibet. Sonst scheint der Con. im ganzen Mittelalter völlig unbekannt gewesen zu sein.

Lucas Tudensis, der wieder den Roderich ausschreibt, bietet nichts wesentlich Neues. Damit wären die spanisch-lateinischen

---

*) Chronicon Albeldense bei Florez, Esp. Sagr. XIII, 433 ff.

**) Sebastiani chronicon, nomine Alfonsi III. recens vulgatum bei Florez, Esp. Sagr. XIII, 475 ff.

***) Roderici rerum gestarum in Hispania chronicon. Granada 1545.
Roderici historia Arabum, erschienen als Anhang zur historia Saracenica des Georg el-Makin. Leyden 1625.

Quellen, welche wir zum Vergleich mit heranziehen können, aufgezählt.

Sowohl für die spezifisch arabische Geschichte als auch für die der arabischen Herrschaft in Spanien verlangen die zahlreichen arabischen Historiker eingehendste Berücksichtigung. Mit der arabischen Geschichtschreibung hat es seine eigene Bewandtnis. Im ersten Jahrhundert der Hedschra wurde fast nichts aufgezeichnet, und historische Schriften sind uns aus dieser Zeit nicht erhalten. Nur in mündlicher Überlieferung pflanzte sich die Geschichte fort. Später, als der Islam eine Macht geworden war, wurde die Zahl seiner Historiker bald eine sehr grofse. Mit hochgespannten Erwartungen darf man freilich an diese arabischen Geschichtswerke nicht herantreten. Mangel an Kritik und die Unfähigkeit, Wichtiges von Unwichtigem zu scheiden, sowie der Hang zum Wunderbaren machen sich überall geltend. Erst vom 11. Jahrhundert an werden die arabischen Geschichtschreiber aufgeklärter und kritischer. Allein zu eigentlich pragmatischer Darstellung sind sie nie gekommen, ihre Schreibweise ist meist ungleich und oft unzusammenhängend. Siegreiche Schlachten werden in aller Breite, unglückliche in einer Zeile erzählt oder ganz verschwiegen. Korantreue Herrscher werden in den Himmel gehoben, freier stehende Männer in den Staub gezogen. Nimmt man dazu, dafs in diese meist mit theologischer Voreingenommenheit abgefafsten Darstellungen poetische Floskeln, Anekdoten, Reden und Gespräche in direkter Rede eingeschoben sind, so kann man sich eine ungefähre Vorstellung von den durchschnittlichen historiographischen Leistungen der Araber machen.

Aus der grofsen Menge dieser arabischen Historiker wählen wir für unseren Zweck nur die bekanntesten und wichtigsten aus. Da sind zunächst aus dem 10. Jahrhundert zu nennen el-Tabarî[*]), ein Traditionslehrer aus Bagdad, der eine Universalgeschichte bis auf seine Zeit schrieb, und el-Masûdî[**]), ein berühmter Gelehrter aus derselben Stadt, der ein grofses historisches Werk „Die goldenen Wiesen" verfafste. Aus dem Ende des 13. Jahrhunderts ziehen wir Georg

---

[*]) Taberistanensis id est Abu Dschaferi Mohammed Ben Dscherir Ettaberi Annales regum atque legatorum Dei arabice edidit et in lat. transt. I. G. L. Kosegarten. Greifswald 1831—53.

[**]) Maçoudi. Les prairies d'or. Texte et traduction par C. Barbier de Meynard. Paris 1861—77. 9 Teile. In der collection d'ouvrages orientaux publiée par la société asiatique.

el-Makin*) heran, einen christlichen Sekretär der Fatimiden in Kairo, der eine Sarazenengeschichte verfaſste, in welcher er den oben genannten el-Tabarí zum groſsen Teile ausgeschrieben hat. Dann folgt Abul-Fidâ**), ein arabischer Polyhistor aus der Mitte des 14. Jahrhunderts, der eine allgemeine Weltgeschichte in 5 Teilen schrieb, von der uns nur Teil V, der die Zeit von Muhammed bis zum Jahre 1328 behandelt, interessiert. Auch Muhammed Ibn Chaldûn***), der um 1400 lebte und eine Geschichte der Araber, Perser und Berbern schrieb, haben wir gelegentlich verglichen.

Für die Geschichte der Araberherrschaft in Spanien haben wir als den Vertreter der arabischen Überlieferung el-Makkarí(†) benutzt. Er lebte um die Mitte des 17. Jahrhunderts und hat in seinem Buche die Nachrichten seiner Vorgänger gewissenhaft niedergelegt. Sein groſses Werk betitelt sich „Wohlduftender Hauch des frischen andalusischen Zweiges und Geschichte des andalusischen Weziers Lisân ed-dîn Ibn el-Chatîb." Nur der erste Teil, der die politische und Gelehrtengeschichte von Spanien enthält, ist für uns von Interesse. Schlieſslich erwähnen wir noch eine abgeleitete Quelle, die Geschichte der Mauren in Spanien von dem Spanier Conde††). Es ist dies kein eigentlich kritisches Geschichtswerk, sondern mehr eine Fundgrube arabisch-spanischen Geschichtsmaterials. Das Buch ist aus den verschiedensten arabischen Autoren zusammengetragen, die Conde in treuer, fast wörtlicher Übersetzung wiedergiebt.

Mit den genannten arabischen Historikern werden wir die Nachrichten des Con. und des Pac. vergleichen. Wir beginnen mit Muhammed und begleiten die Chalifen bis zum Sturz der Omeijaden durch die 'Abbasiden.

---

*) Historia Saracenica, arabice olim exarata a Georgio Elmacino et latine reddita op. ac stud. Thomae Erpenii Leyden 1625.

**) Abulfedae annales Muslemici arabice et latine op. et stud. Jo. Jac. Reiskii. Tom I. Kopenhagen 1789.

***) Histoire des Berbères et des dynasties Muselmanes de l'Afrique septentrionale par Ibn-Khaldoun, trad. de l'arabe par M. le Baron de Slane. Tom I. Algier 1852.

†) The history of the Mohammedan dynasties in Spain by Ahmed Ibn Mohammed Al-Makkarí, transl. by Pascual de Gayangos. 2 Vol. London 1840—43.

††) Geschichte der Herrschaft der Mauren in Spanien. Nach arabischen Hand- und Denkschriften dargestellt von J. A. Conde. Aus dem Spanischen übersetzt von Karl Rutschmann. Bd. I. Karlsruhe 1824.

Die Erhebung der Araber unter Muhammed wird der Hauptsache nach bei Con. und Pac. gleich erzählt. Aber schon in Muhammeds Beurteilung tritt der verschiedene Standpunkt beider hervor. Dem Con. ist Muhammed prudens admodum vir et aliquantorum futurorum provisor gestorum, („por arte del Diablo" setzt Florez zur besseren Orientierung seiner Leser hinzu), er stammt aus einer tribus nobilissima, und seine Würde wird als principatus bezeichnet (Con. 12). Dem Pac. ist Muhammed einfach ductor rebellia adhortans, nur ganz beiläufig nennt er ihn propheta eorum (Pac. 4). Dennoch liegt auch in dieser Bezeichnung eine grofse Mäfsigung. Man vergleiche damit nur die Kosenamen, die z. B. Lucas Tudensis dem Muhammed anhängt: pseudopropheta, iniquus concionator, pessimus seductor. Die Kämpfe der Araber mit den Römern schildert Con. zunächst als einen Scharmützelkrieg, furtim magis quam publicis obreptionibus erobern die Araber die benachbarten römischen Gebiete. Der erste grofse Erfolg, den sie erringen, ist ihr Sieg über Theodorus, des Kaisers Heraklius Bruder, bei Gabatha, dessen nächste Folge die Errichtung der Sarazenenherrschaft in Damaskus ist. Pac. folgt dem Con. genau, nur tritt er nach seiner Weise dessen Nachrichten breit. Allein gehört ihm nur die Notiz, dafs diese Kämpfe etwa 10 Jahre gedauert hätten. Die Stadt Gabatha, unter der nach Ranke das heutige Dschabië zu verstehen ist, nennen als Schlachtort nur unsere beiden Autoren und das dem Ildefonsus von Toledo fälschlich zugeschriebene Chronikon (Migne Patrolog. Lat. tom 96, 317 ff.). Die arabischen Historiker wissen überhaupt nichts von einer grofsen Schlacht der Araber mit den Römern unter Muhammed, sie verlegen sie meist in die Zeit des Omar, z. B. el-Tabarí (III, 63). El-Makín erwähnt zwei römische Niederlagen, eine unter Abu Bekr (p. 20) und eine gröfsere unter Omar (p. 21). Auch der Schlachtort Gabatha wird bei ihnen nicht genannt. El-Tabari spricht von einer Schlacht am Jarmuk (III, 63). Auch die Eroberung von Damaskus erfolgt nach Abul-Fidâ (I, 223) und el-Makin (p. 21) erst unter Omar, nicht, wie Con. (15) will, schon unter Muhammed. Die Kenntnis des Con. über die ersten Zeiten des Islam ist demnach unzulänglich und chronologisch verwirrt. Das beweist auch die kurze Notiz über Muhammeds Nachfolger Abu Bekr: maximam expeditionem in Persas molitus. Über Omar berichtet Con. schon eingehender. Auf Unterwerfung fast aller Völker des Orients und des Occidents hat er es abgesehen. Ranke macht darauf aufmerksam, wie Con. jedem der drei ersten Herrscher ein eigenes Eroberungsgebiet zuteilt, dem Muhammed selbst den Westen (Syriae, Arabiae et Mesopotamiae provincias Con. 12), dem Abu Bekr den Osten (expeditionem in Persas Con. 20) und dem Omar den Plan einer Weltherrschaft (Con. 25). Omar erobert Alexandria, verjagt die römische Besatzung und macht die Stadt tributpflichtig. Er gründet bei der Stadt Babylon*) eine neue Stadt und legt praesidia in sie hinein ad tuendam Romanam dioecesim, quae nunc etiam exstant. So erringt Omar durch seine Feldherren überall grofse Triumphe. Nach zehnjähriger Regierung wird er von einem Sklaven gerade während des Gebetes ermordet. Pac. (5) bietet ein kurzes Excerpt dieser Nachrichten. Auffallend und nicht aus Con. stammend ist das Epitheton „rigidus", das er dem Omar giebt. Es wird soviel wie „rauh, sittenstreng" bedeuten sollen (Pac. 57). Con. deckt sich bis ins einzelne mit den Arabern, besonders mit el-Makîn (I, 20 ff.) und Abul-Fidâ. Auch des Pac. Beiwort rigidus läfst sich, wenn wir es als „sittenstreng" fassen, mit den arabischen Schilderungen des Charakters des Omar vereinigen, in denen er stets als der Musterchalif dasteht, dessen Frömmigkeit, Gerechtigkeit und Mäfsigkeit gar nicht genug gepriesen werden kann (Abul-Fidâ I, 251. el-Masûdî IV, 193 ff.).

Aus den Nachrichten über Abu Bekr und Omar geht wieder deutlich hervor, dafs dem Con. sowohl wie dem Pac. eine tiefere Kunde über die Genesis des Islam fehlt. Von dem alten Gegensatze der Mekkaner uud Mediner wissen sie beide nichts.

Othman, Omars Nachfolger, berichtet Con. (29), hat Libyen, Marmorika, die Pentapolis, Katania**) und Äthiopien unterworfen und den gröfsten Teil des Perserreiches tributpflichtig gemacht. In einem tumultus der Araber hat er sein Ende gefunden. Alles das hat Pac. wörtlich aus Con. entnommen. Eigentümlich ist ihm nur die Notiz,

---

*) Con. 25 mufs vor Babylonem ein „apud" eingeschoben werden. Die Festung Babylon auf dem östlichen Nilufer bestand lange vor der arabischen Invasion. Die neue von Amru gegründete Stadt Fustât (später Kairo genannt) wurde dicht bei Babylon erbaut.

**) Dafs Pac. Gazania, Con. dafür Katania hat, kann nicht befremden. Alle diese Eigennamen sind handschriftlich äufserst schlecht überliefert. Besonders die arabischen Namen sind bei beiden Autoren verschieden geschrieben, was sehr erklärlich ist. Für diese Latinisierungen des arabischen Idioms lagen keine festen Regeln vor, so konnte Mahmet und Mahomet, Ethoman und Othoman entstehen.

— 53 —

dafs Othman seine Eroberungen erst nach zweijähriger Regierung begonnen habe.

Auf Othman folgt Mu'âwia. Er regiert 25 Jahre, 5 davon mufs er in Bürgerkriegen seine Stellung behaupten.*) Con. nennt seine Regierung eine sehr glückliche. Zunächst hat Mu'âwia die gewaltige Flotte des Kaisers Constans so aufs Haupt geschlagen, dafs dieser selbst nur mit genauer Not das nackte Leben rettet. Von dieser Seeschlacht, die vor dem Hafen Alexandrias stattfand, berichten auch die arabischen Erzähler der ägyptischen Geschichte, el-Makrizi und Abul-Mahâsin.**) El-Masûdî, Abul-Fidâ und el-Makîn wissen nichts von diesem Gefecht. El-Balamí (III, 625) erzählt, dafs eine grofse Flotte des Constans durch den Sturm auf dem hohen Meere vernichtet sei. Dann schildert Con. die glorreiche Eroberung Nordafrikas unter Mu'âwia. Abdallah, Mu'âwias Feldherr, unternimmt einen grofsen Kriegszug entlang der nordafrikanischen Küste und erobert Tripolis, Cida, Hellemptie. Schliefslich kommt er in die eigentliche Provinz Afrika. Hier tritt ihm der letzte Statthalter, der comes Gregorius, mit der acies Maurorum entgegen, wird aber von Abdallah geschlagen. Gregorius selbst und die omnis decoritas Africae finden in der Schlacht den Tod. Beutebeladen kehrt der Sieger nach Ägypten zurück. Ranke macht darauf aufmerksam, dafs nirgends diese Kämpfe so klar und deutlich hervortreten wie in der Schilderung des Con.

---

*) Pac. 16 (Con. 33) heifst es: expletis ergo Moabia principatus sui annis XX et quos civiliter vixit V humanae naturae debitum solvit. Was heifst civiliter? Du Cange II, 847 sagt: pacifice, in pace und führt dazu die Belegstellen aus Pac. an. Doch das ist falsch, Tailhan hat ihn richtig korrigiert. Du Cange liest expletis anuis XX, quorum civiliter vixit V. Aber einmal hat Mu'âwia 25 Jahre regiert und sodann haben alle Handschriften statt quorum nur et quos. Vergleichen wir unsere Stelle mit Pac. 16 Anfang, so folgt unbedingt, dafs Con. wie Pac. das Wort civiliter gefafst haben als civilia bella gerens. Tailhan sagt: civiliter statum belli civilis semper significat. Wir müssen noch Con. 83 (Pac. 18) heranziehen. Es heifst hier von Jazîd, Mu'âwias Nachfolger: qui nullam unquam, ut hominibus moris est, sibi regalis fastidii causa gloriam appetivit, sed communiter cum omnibus civiliter vixit. Dieser Text spricht gegen die obige Erklärung und für Du Cange, doch hier ist civiliter in civibus umzuändern. civiliter heifst bei unserm Autor nie, wie Dozy (I, 5) meint: pacifice, gracieusement; man beachte nur, dafs Con. die Regierungen der drei Parteikaiser Philippicus, Anastasius und Arthemius mit dem Beiwort civiliter belegt (Con. 46).

**) cf. F. Wüstenfeld, die Statthalter von Ägypten zur Zeit der Chalifen pag. 19 (Abh. d. Kgl. Ges. d. Wiss. z. Göttg. Bd. 20).

Weniger erfolgreich ist ein anderes Unternehmen Mu'âwias. Er schickt seinen Sohn Jazîd mit 100 000 Mann gegen Constantinopel. Dieser belagert die Stadt per omne vernum tempus, mufs aber die Einschliefsung abbrechen, weil Hungersnot und Krankheiten sein Heer dezimieren. Nach Eroberung verschiedener anderer Städte kehrt er nach zweijähriger Abwesenheit nach Damaskus zurück. Über diese Belagerung Constantinopels durch Jazîd sind die arabischen Quellen sehr arm an Nachrichten. Dadurch verraten die Araber ihre Niederlage am besten. Sie erwähnen zwar das Unternehmen fast alle, aber über den Ausgang desselben schweigen sie sich völlig aus (Abul-Fidâ I, 369, el-Makîn p. 48). Nur el-Masûdî (V, 62) deutet ganz dunkel an, dafs die Belagerten Unglück getroffen habe. Theophanes[*]) (I, 351) berichtet zwar, dafs Jazîd auf seiner Expedition schwere Verluste erlitten habe, aber von einer eigentlichen Belagerung Constantinopels weifs er nichts. Um so wertvoller ist daher die klare Nachricht des Con. über die Belagerung und das völlige Mifslingen dieses Unternehmens. Noch eine kleine Differenz zwischen Con. und Arabern wollen wir nicht unerwähnt lassen. Nach Con. ist des Chalifen Sohn Jazîd Führer der Expedition, nach den Arabern ist dies Sufjân Ibn Auf, und Jazîd begleitet nur den Zug.

Ebensowenig wie Con. und Pac. erwähnen, dafs mit Othman die mekkanische Aristokratie der Omeijaden ans Ruder gekommen ist, verlieren sie auch nur ein Wort über Alî. Mu'âwia hat fünf Jahre seines Lebens im Bürgerkriege zubringen müssen, so berichten die beiden; dafs der Omeijade Mu'âwia, auf die Syrer gestützt, mit Alî, Muhammeds Schwiegersohne, dem Chalifen der Mediner, erst um das Chalifat ringen mufs und ihn in grofser Schlacht besiegt, davon haben sie nichts. Wir kommen auf diesen Punkt später noch zurück.

Jazîd I. wird Mu'âwias Nachfolger. Con. erzählt, dafs Mu'âwia schon bei seinen Lebzeiten dem Sohne die Nachfolge gesichert habe (Con. 33 cui regnum decreverat). Pac. (16), der sonst für Mu'âwias Zeit den Con. wörtlich kopiert hat, läfst diese interessante Nachricht fort, ein Beweis dafür, wie den Con. die arabische Geschichte als solche weit mehr interessiert als den Pac., für den die Araber erst als Eroberer Spaniens von tieferem Interesse sind.

Über Jazîd I. und seinen Sohn Mu'âwia II. berichtet Con. sonst sehr wenig (33 und 34). Er preist Jazîd I. als milden und leut-

---

[*]) Theophanis chronographia rec. Carolus de Boor. 2 Bände. Leipzig 1883—85.

seligen Regenten, der nicht nach Kriegsruhm getrachtet habe, aber von seinen Unterthanen innig geliebt worden sei. Das Gleiche sagt er von Mu'âwia II., er sei paternis moribus similis gewesen und habe allen seinen Unterthanen ein Drittel der fälligen Steuern erlassen. Pac. hat sich wörtlich an Con. angeschlossen. Dies Urteil über die beiden Regenten verhält sich zu dem der arabischen Historiker wie hellster Tag zu tiefster Nacht; es bedarf daher der Betrachtung. Nach den Arabern ist Jazîd I. ein gottloser und leichtfertiger Mann gewesen, der allen möglichen frivolen Passionen, als da sind Jagd, Wein, Tanz, Musik und hübsche Weiber, huldigte (el-Makîn p. 53, el-Masûdî V, 151 ff.). Besonders el-Masûdî wird nicht müde, diese Ansicht über Jazîd des näheren zu begründen. Die arabischen Historiker, die sich aus der Schar der Korangelehrten und Gesetzeskundigen rekrutieren, stehen auf dem Standpunkt der alten Begleiter des Muhammed, des Alî und seiner Genossen, und sind gegen die syrischen Omeijaden eingenommen. Ihnen ist dieser Chalîf, der sich Genüssen hingab, die der Koran verbietet, ungeheuerlich. Im Con. dagegen haben wir einen Zeitgenossen der Omeijaden, in dessen Worten sich das Urteil der omeijadisch gesinnten syrischen Araber wiederspiegelt. Con. lebt in Nordafrika, wo nach Ägyptens Eroberung unter Mu'âwia die Omeijaden festen Fuſs gefaſst haben. Seine Ansicht ist die echt omeijadische und, da Pac. des Con. Worte und Anschauungen in sein Werk überträgt, zugleich die in Spanien herrschende, die es später nach dem Zusammenbruch der Omeijadendynastie zu Damaskus dem Abd el-Rahman möglich macht, in Spanien eine neue Omeijadendynastie zu begründen.

Beachtenswert ist auch des Con. Urteil über Mu'âwia II., den er paternis moribus similem nennt. Im geraden Gegensatz dazu berichten die Araber, er sei seinem Vater sehr unähnlich und ein eifriger Verteidiger der schiitischen Araber gewesen, der nach kurzer Regierung freiwillig abdiciert und sich geweigert habe, einen Omeijaden zum Nachfolger zu ernennen (el-Masûdî V, 168 ff., Abul-Fidâ I, 403, el-Makîn I, 55). Die Differenz zwischen Con. und den Arabern erklärt sich hier ebenso wie bei Jazîd. Die interessante Nachricht von dem Steuererlaſs hat nur Con., auch nicht ein einziger Araber.

Recht eingehend werden wir bei Con. über Marwân und seinen Kampf mit Abdallah unterrichtet. Nach Mu'âwia II. Tode erwählen sich die Truppen zwei principes, die eine Partei den Abdallah, die andere den Marwân. Nach zwei Jahren einigen sich alle auf Abdallah, der dann den Marwân mit Familie und Verwandtschaft ab Almidinae (el-Medina) finibus vertreibt und ihn nach Damaskus ins Exil schickt. Aber aufgefordert durch Anhänger im Heere, tritt Marwân deo connivente wieder als Gegenchalif gegen Abdallah auf und bekämpft ihn zwei Jahre lang in blutigen Schlachten, durch die die Kräfte beider Gegner aufserordentlich geschwächt werden. Während dessen mufs auch der Kampf gegen die Griechen fortgeführt sein, denn plötzlich schliefst Marwân mit Constantin Frieden, um den er durch Gesandte demütig gebeten hat. Der Friede kommt unter äufserst interessanten Bedingungen*) auf neun Jahre zustande. Abdallah wird, wie wir später sehen werden, erst unter Marwâns Sohne Abd el-Malik endgültig besiegt. Der Friede ist von Marwân geschlossen worden, um freie Hand gegen Abdallah zu haben. Con. sagt das zwar nicht ausdrücklich, es ergiebt sich aber aus dem Zusammenhange (37).

Pac. bietet von alledem nur einen kurzen Auszug. Von Abdallahs anfänglichem Glücke, von dem Exil Marwâns, von seinem siegreichen Vordringen von dort erzählt er nichts; ja er hat es nicht einmal für nötig gehalten, Abdallahs Namen aus Con. zu entnehmen. Das einzige, was ihn näher interessiert, ist der Friede mit dem byzantinischen Kaiser. Die Zeitdauer der Kämpfe zwischen Marwân und Abdallah, die er auf 4 Jahre angiebt, hat er herausbekommen,

---

*) Die Friedensbedingungen lauten bei Con. und Pac. nicht ganz übereinstimmend, jedoch deuten verschiedene Phrasen bei Pac. darauf hin, dafs ihm auch hier Con. zu Grunde liegt. Die Stelle ist bei Pac. (19) recht verderbt, vielleicht erklären sich schon dadurch manche Differenzen. Die Bedingungen sind folgende. Marwân liefert sämtliche Überläufer und Gefangene aus. Er verpflichtet sich zur täglichen Zahlung von 1000 Goldsolidi, dazu liefert er täglich ein arabisches Rofs, eine villosa siricia (ein plüschartiges Seidengewand) und eine Sklavin! villosa siricia hat Pac. nicht verstanden, er setzt dafür mula Arabica cum lectiscrica vestiaria (etwa Maultier mit kostbarem Sattelzeug?) Die Herausgabe der Überläufer berichtet Pac. nicht. Die neunjährige Dauer des Friedens haben beide. — Während Con. diesen Friedensschlufs in die Zeit des Marwân legt, und zwar noch ehe der Kampf zwischen Marwân und Abdallah enschieden war, kennen die Araber nur einen solchen Frieden Abd el-Maliks mit Byzanz, freilich sind ihre Nachrichten nur unbestimmter Art (el-Masûdí V, 225, el-Balamí IV, 106). Auch Theophanes erwähnt einen Frieden des Abd el-Malik mit Justinian, der sich in seinen Einzelheiten stark mit dem von Con. berichteten berührt. Es heifst bei ihm (I, 363): καὶ ἐστοιχήθη ἡ εἰρήνη οὕτως· ἵνα ὁ βασιλεὺς . . . . καὶ ᾽Αβιμέλεχ δώσῃ τοῖς ῾Ρωμαίοις καθ᾽ ἑκάστην ἡμέραν νομίσματα χίλια καὶ ἵππον καὶ δοῦλον . . . .

indem er die beiden bei Con. getrennt aufgeführten Abschnitte von 2 Jahren addierte. Eigen gehört ihm das Motiv, das er dem Marwân beim Abschliefsen des Friedens unterschiebt. Er sagt, ut ei (imperator) adjutoria militum opitularetur, aut ne impediretur. Ganz übergeht er die letztwilligen Verfügungen des Marwân, denen Con. einen längeren Abschnitt widmet (Con. 38). Marwân bestimmt seinen ältesten Sohn Abd el-Malik zum Nachfolger im Chalifate, dieser soll auch speziell über den gröfseren östlichen Teil der eroberten Gebiete herrschen, während sein zweiter Sohn Abd el-'Azîz die westlichen, in Afrika gelegenen Gebiete bekommt. Nach Abd el-Maliks Tode soll Abd el-'Azîz Chalif werden (Con. 42). Der jüngste Sohn Muhammed wird Oberbefehlshaber der gesamten Truppenmacht. Ihm wird der Auftrag, nach Ablauf des neunjährigen Waffenstillstandes Ostrom von neuem anzugreifen.

Der Bericht des Con. deckt sich fast ganz mit den Arabern (el-Makîn I, Kap. 11 u. 12, Abul-Fidâ I, 403 ff.). Von den Stammesdifferenzen und Parteiungen unter den Arabern weifs Con. freilich nichts, ihm sind die Omeijaden eo ipso die legitimen Chalifen. Nach Con. stirbt Marwân eines natürlichen Todes. Die Araber bieten verschiedene Versionen über sein Ende, die einen berichten wie Con., nach anderen stirbt er an der Pest (el-Masûdî V, 206), nach Abul-Fidâ I, 409 fällt er durch den Dolch der eigenen Gattin. Demnach mufs sich die Kunde über den wahren Thatbestand früh verwirrt haben.

Abd el-Malik, ein erfahrener und tapferer Mann, vernichtet den Widerstand des Abdallah. Sein Feldherr Tahihie (?) schlägt den alten Widersacher seines Vaters bei Mekka. Abdallah fällt, sein Haupt wird durch Acace (Chaddschâdsch?) dem Chalifen nach Damaskus überbracht. So schlichtet Abd el-Malik den Bürgerkrieg sapientissimo more und macht viele Länder und Städte seiner Herrschaft unterthan. Dann sichert er seiner Familie die Erbfolge. Der Rücksicht auf seinen Bruder Abd el-'Azîz durch dessen plötzlichen Tod überhoben, bestimmt er seinen ältesten Sohn Walîd zum Nachfolger und nach diesem seinen andern Sohn Suleimân. So der Bericht des Con., den Pac. in wenigen Zeilen excerpiert. Bezeichnend ist, dafs Pac. die Erbfolgebestimmungen wieder völlig übergeht. Sowohl in Bezug auf die Details als auch auf die Beurteilung des Abd el-Malik deckt sich Con. mit den Arabern, die sich auch alle sehr anerkennend über Abd el-Malik äufsern und ihm höchstens grofsen Geiz vorwerfen (Abul-Fidâ I, 427, el-Masûdí V, 209 ff., el-Makín p. 67).

Unter Walíd, dem Nachfolger Abd el-Maliks, fällt das Westgotenreich. Hier tritt zum ersten Male bei Pac. neben die aus Con. entnommene Schilderung*) seine eigne selbständige Darstellung. Die weitgehenden Eroberungen Walíds im Orient erzählt Pac. nach Con. (Con. 44, Pac. 33). Dagegen hat er neu die Eroberung Mauretaniens, die Con. nicht erwähnt, aber vielleicht mit unter den omnes gentes proximae verstanden wissen will. Die Eroberung Spaniens giebt Con. (Kap. 45) in seiner kurzen Weise: in occidentis quoque partibus regnum Gothorum antiqua soliditate firmatum apud Spanias per ducem sui exercitus nomine Muza adgressus edomuit et regno abjecto vectigale facit. Pac., der später noch eingehend von dieser Eroberung aus eigener Kenntnis spricht, reproduziert doch erst (33) die obigen Worte des Con., freilich erweitert durch eingeschobene chronologische Angaben. Er sagt: in occiduis quoque partibus regnum Gothorum antiqua soliditate pene per trecentos quinquaginta annos ab aera quadringentesima ab exordio et principio sui firmatum, apud Hispanias vero a Liuvigildo pene per centum quadraginta annos pacifice usque in aeram DCCL porrectum, per ducem sui exercitus nomine Muza adgressus edomuit et regno ablato vectigale fecit. Con. und Pac. sprechen mit grofser Achtung von Walíd und schildern ihn als einsichtigen und glücklichen Kriegsmann. Die Urteile der Araber über Walíd ähneln dem des Con. Nur el-Makín (p. 73) sagt ihm grofsen Jähzorn nach, und el-Masûdí (V, 360) nennt ihn gar einen ungerechten Despoten und blutigen Tyrannen. Einem so 'abbasidisch gesinnten, korantreuen Schriftsteller wie el-Masûdí erscheint eben die energische, echt omeijadische Kriegernatur des Walíd wenig lobenswert.

Beim Chalifate Walíds setzt des Pac. selbständige Darstellung ein. Im folgenden flickt Pac. nur noch in den Berichten über Suleimân, Omar II., Jazíd II. und kurz über Hischâm und Walíd II. des

---

*) Con. sagt von Walíd: vir totius prudentiae in exponendis exercitibus, tantum ut cum divino expers favore esset, pene omnium gentium . . . . virtutem confregerit. Pac. schreibt ihm dies nach. Der Satz mit cum giebt, selbst konzessiv übersetzt, keinen rechten Sinn. Wenn Walíd göttlicher Gunst unteilhaftig ist, so erringt er eben keine Siege. Die einfachste Lösung ist, expers in expertus umzuändern. Rodericus Toletanus, der Excerptor unseres Pac., hat entweder expertus gelesen oder expers im Sinne von expertus aufgefafst; er schreibt hist. Arab. IX, p. 8: divino auxilio ferebatur, ut vicinas gentes suo imperio subjugaret.

Con. Ausführungen ein. Nach Walids Tode besteigt Suleimân gemäfs der väterlichen Erbfolgeordnung den Thron. Er sendet seinen Halbbruder Maslama mit 100000 Mann gegen das römische Reich. So Con. Pac. lautet ähnlich, nur wird Suleimân Chalif secundum expositum fratris. Von dieser Verordnung hat er unter Walîd nichts berichtet. Nun beginnt aber bei Pac. die Konfusion. Con. sagt von Maslama (47): pervenit Pergamum, antiquissimam et florentissimam Asiae civitatem, bello impetitam, seductione deceptam, igne gladioque finivit. Pac. (41) macht daraus Asiam bello impetitam gladio simul cum igne finivit seductione deceptam und berichtet dann Kap. 43 noch einmal mit denselben Worten die Eroberung Pergamums, zerreifst also die Notiz des Con. in zwei und schreibt, um sie nicht ganz gleich zu lassen, in der ersten statt Pergamum das allgemeine Asia. Nach des Con. Bericht zieht Maslama gegen Constantinopel und belagert die Stadt zwei Jahre lang, bis er auf des Chalifen Omar II. Befehl, nachdem sein Heer durch den Hunger und das Schwert der Feinde stark dezimiert und in schwere Bedrängnis geraten ist, die erfolglose Belagerung abbricht. Pac. ist über diesen ganzen Zug so kurz, dafs von einer Belagerung kaum noch die Rede sein kann. Er berichtet ein blofses Hinrücken nach Constantinopel und ein Zurückziehen, weiter nichts. Suleimâns Tod apud provinciam Antiochenam erwähnt Con. allein. Nach ihm hat auch Suleimân sterbend den Omar, filium patrui, quem avus cuncto ab Aegypto Occidenti praeposuerat, und nach diesem den Jazîd zum Nachfolger bestimmt (49). Pac. hat diese Notiz übernommen (44), aber falsch verstanden, er macht Jazîd und Omar zu Brüdern,*) die in Wahrheit Geschwisterkinder sind.

Die Übereinstimmung mit den Arabern ist im allgemeinen eine grofse. Abul-Fidâ (I, 427) meldet von Zügen des Maslama gegen die Römer schon unter Walîd, davon weifs Con. nichts. Auch Pergamums Eroberung tritt bei den Arabern nicht als ein so wichtiges Ereignis hervor, sie erwähnen sie entweder gar nicht, oder nur ganz beiläufig. Constantinopels Belagerung erscheint bei Con. wie bei den Arabern im wesentlichen gleich. Nur ist bei den letzteren das Be-

---

*) Denselben Fehler macht Pac. Kap. 46. Er sagt dort: Omar fratri suo Izit gerenti gubernacula regni ei adsciscit. Noch ärger geht's Roderich. Er kommt ganz durch die komplizierten verwandtschaftlichen Verhältnisse hin und sagt trotz seines engen Anschlusses an Pac. Kap. 10: Zulema autem filios Abdelmelic nepotes suos, filios Ulit scilicet, Omar et Izit, sibi ad regni regimen sociavit. Was sind denn hiernach die beiden eigentlich?

streben nicht zu verkennen, das Ereignis in einem für die Araber günstigen Lichte zu schildern derart, dafs Maslama lediglich aus Mangel an Nahrungsmitteln die Belagerung abgebrochen habe (Abul-Fidâ I, 435/6), wie sie denn auch die Rückzugsordre Omar II. fast alle nicht erwähnen. Doch hier wird Con. von Theophanes bestätigt (I, 399): Οὔμαρος δὲ κρατήσας τῶν Ἀράβων ἐπέτρεψεν ἀνακάμψαι τὸν Μασαλμᾶν. Abd el-'Azîz' Sohn Omar II. folgt seinem Neffen Suleimân. Con. und der ihn kopierende Pac. lassen ihm überschwengliches Lob zu teil werden: tantae benignitatis et patientiae fuit, ut hactenus tantus ei honor lausque referatur a cunctis etiam ab externis quantus ulli unquam viventi (Con. 49, Pac. 46). Nur hat er keine grofsen Kriegsthaten vollführen lassen, sondern ist nach dreijähriger Regierung, zwar nicht von Kriegsruhm, aber von den Segenswünschen seiner Unterthanen begleitet, ins bessere Jenseits geeilt. Con. berührt sich wieder mit den Arabern, die auch des Lobes über Omar voll sind. Selbst Abul-Fidâ sagt von ihm I, 427: Omar, vir raro in ea gente exemplo, a religionis et justitiae studio celeberrimus. Con. teilt noch mit, dafs Omar gestorben sei proxime de loco quo Zoleiman mortuus est, d. i. nach Con. 47 apud provinciam Antiochenam. Über die Todesart Omars berichtet er nichts. Abul-Fidâ hat die Notiz (I, 441), dafs Omar vielleicht von den Omeijaden vergiftet sei, die bei längerer Lebensdauer Omars für ihre Herrschaft fürchteten. Ob diese Nachricht Wahrheit oder Klatsch ist, bleibt dahingestellt. Soviel ist sicher, dafs Omar II., den Religion und Ausbreitung des Glaubens mehr interessierten als Kämpfe und Eroberungen, kein rechter Parteimann der Omeijaden war, und dafs diese deshalb sein Ende je eher je lieber herbeisehnten.

Es ist ganz verständlich, dafs Con. von den religiösen Differenzen, die zur Thronbesteigung Jazîd II. führten, nicht ein Wort sagt, wie er überhaupt von diesem Chalifen nicht viel mitteilt. Er erzählt den Aufstand eines der Feldherren, namens Jazîd, gegen den Grofsherrn und die Dämpfung des Aufstandes durch Maslama. Pac. kopiert diese Nachricht flüchtig und mit Veränderung des Thatbestandes (Con. 50, Pac. 47). Während Con. sagt, dafs der Rebell Jazîd getötet, einigen seiner Anhänger dagegen das Leben geschenkt sei, berichtet Pac.: atque ducem sceleris nomine Izit comprehensum venia concessa reservant ad vitam. Pac. hat den Namen Jazîds mit der Begnadigung der wenigen Perser in Zusammenhang gebracht und hat ganz übersehen, dafs Con. ausdrücklich den Tod Jazîds berichtet. Dafs Pac. hier nicht einer anderen Quelle folgt, sondern einfach falsch kopiert, beweist der wörtliche Anklang an Con. Tailban (32³), der wieder eine Lanze für Pac. brechen will, druckt das Kapitel des Con. in einer Anmerkung ab und verweist obendrein auf Theophanes. Er merkt anscheinend gar nicht, dafs zwischen Con. und Pac. ein Unterschied besteht, denn sonst würde er nicht so dreist auf Theophanes verweisen, der gegen Pac. und für Con. spricht. Theophanes sagt (I, 401): Τούτῳ (nämlich dem Chalifen ’Ιζίδ) φύεται ἐν Περσίδι τύραννος ὀνόματι καὶ αὐτὸς ’Ιζὶδ Μουαλαβί· καὶ συναπῆλθον αὐτῷ πολλοὶ τῆς Περσίδος· πέμψας δὲ ’Ιζὶδ τὸν Μασαλμᾶν ἀνεῖλεν αὐτὸν καὶ τὴν Περσίδα ὑπέταξεν. Die Empörung des Rebellen Jazîd berichten auch die Araber mehr oder minder eingehend, alle aber sprechen gegen Pac. und für Con., denn sämtlich berichten sie den Tod Jazîds (Abul-Fidâ 443, el-Makîn p. 78, el-Masûdî V, 455).

Bei Hischâms Regierung verläfst uns Con. Von nun an sind wir ganz auf Pac. angewiesen. Die ersten Jahre Hischâms sind glücklich und von Erfolgen gekrönt, seine Feldherren erringen verschiedentlich grofse Vorteile über die Römer. Dann aber wendet sich das Blatt. In Hischâm erwacht eine unersättliche Goldgier, zu deren Befriedigung seine Feldherren die Schätze des Orients und Occidents zusammenrauben. Doch Hischâms Leidenschaft wächst bei zunehmendem Besitz bis zur Unerträglichkeit. Überall empören sich die Völker, vor allem im Westen die Mauren. Hischâm schickt dem bedrängten dux Africanus 100 000 Mann auserlesene Truppen unter seines Bruders Colthûm Anführung zu Hülfe. Sengend und brennend durchzieht dieser Afrika und kommt usque ad Tingitanum pelagus. Da brechen plötzlich aus den Bergen die Mauren hervor. Am Flusse Mafanus kommt es zu wildem Kampfe. Die Mauren eilen auf ihren schönen Pferden heran. Nackt, nur mit einem Schurze bekleidet, erschrecken sie die Feinde durch ihre häfsliche Farbe und dadurch, dafs sie ihre weifsen Zähne knirschend auf einander schlagen. Die ägyptische Reiterei weicht zuerst, bald löst sich auch das ganze Araberheer in wilde Flucht auf (contabuit ullo absque remedio). Colthûm selbst wird mit seinen Gefährten niedergehauen. Der Rest des Heeres sammelt sich unter Baldsch' Führung und geht nach Spanien (Pac. 63).

Die Nachrichten des Pac. über diese Schlacht sind äufserst

lebendig und genau. Dies ist wertvoll, denn die Araber berichten nur ganz kurz. Sie lokalisieren die Schlacht ähnlich wie Pac. Ibn Chaldûn, der die Schlacht in seiner Geschichte der Berber erwähnt (I, 217), sieht in dem Fallen Colthûms die Ursache der allgemeinen Flucht der Araber. Das geht aus Pac. nicht hervor.

In der allgemeinen Beurteilung des Hischâm ist Pac. selbständig. Das Urteil der Araber über den Chalifen ist günstiger; sie preisen ihn als tapferen Mann und trefflichen und weisen Regenten, erwähnen freilich auch seinen Geiz und seine Habgier. Pac. stellt die Habgier als Haupteigenschaft Hischâms oben an und leitet aus ihr all die Kämpfe ab, die sein Chalifat beunruhigt haben. Dies ist insofern richtig, als die Familie Muhammeds, die Haschimiten, die alten Todfeinde der Omeijaden, durch ihre Emissäre fortwährend die Mängel Hischâms in ein grelles Licht stellten, sein Geschlecht als gottlos, ihres dagegen als ein beglückendes schilderten und dadurch überall Unzufriedenheit säeten. Die Regierung des Hischâm, dieses anfangs so beliebten, später so verhafsten Herrschers, erscheint in einem ganz anderen Lichte, wenn wir sie unter dem Gesichtspunkte der arabischen Stammesgegensätze betrachten. Der Gegensatz der beiden arabischen Stämme, der Jemeniten und der Maadditen, oder wie sie in Syrien hiefsen, der Kelbiten und der Kaisiten, ist so alt wie das arabische Volk selbst. Der Islam hatte diesen Hafs nicht nur nicht vermindert, sondern ihm neue Kraft und Stärke verliehen, und in der Geschichte desselben spielt deshalb diese Rassenfeindschaft eine grofse Rolle. Die Kelbiten waren unter Marwân obenauf, sie wurden dann später zurückgedrängt, traten aber noch in Afrika und Spanien bedeutend hervor. Unter Abd el-Malik und Walîd dagegen waren die Kaisiten auf dem Gipfel ihrer Macht. Suleimân war wieder Jemenite, Jazîd II. Kaisite. Hischâm begünstigte die Jemeniten und war deshalb populär, denn im allgemeinen waren diese weniger hart gegen die Besiegten als die Kaisiten. Dann aber trat er, um seiner Geldgier noch mehr fröhnen zu können, zu den Kaisiten über, vertraute ihnen die Provinzen an und zog mehr Gold daraus als alle seine Vorgänger. Von diesen Stammesgegensätzen, den eigentlich treibenden Kräften, hat Pac. keine Kenntnis, trotzdem bietet er einen sachlichen, die Thatsachen korrekt schildernden Bericht.

Pac. erwähnt Kap. 50 noch eine unter Hischâm unternommene Belagerung Constantinopels. Eine solche hat unter Hischâm nicht stattgefunden, wie denn auch die Araber nichts davon berichten. Es liegt hier wieder eine Flüchtigkeit des Pac. vor. Pac. hat diese Belagerung aus Con. entlehnt und erwähnt sie wie dieser im Zusammenhang mit der Thronbesteigung des Leo, hat sie aber durch den Zusatz sub Hiscam rege, den Con. nicht hat, verkehrt gemacht, denn Constantinopel ward unter Suleimân, resp. Omar II. belagert, wie Con. 47 und Pac. 41 richtig angegeben wird.

Walid II., der von Pac. (Kap. 68) den Beinamen „der Schöne" bekommt, wird schon nach kurzer Zeit von Jazîd III. vom Throne gestofsen.*) Über den Thronraub, den die Araber sehr detailliert berichten, geht Pac. rasch hinweg, er erwähnt nur kurz Walids Ermordung. Jazîd III. setzt seinen Bruder Ibrahîm zum Nachfolger ein.*) Dieser Ibrahîm wird von Marwân II., Muhammeds Sohn, Marwân I. Enkel, gestürzt und getötet. Nach 5 Jahre langen schweren Kämpfen findet auch Marwân II. seinen Tod.

Der Haschimite Abdallah Abul-Abbâs (Abdalla Alascemi) wird von der Mehrzahl der Araber zum Chalifen erwählt. Sein Oheim und Feldherr el-Çâlih Ibn Alî (Zali) schlägt den Marwân verschiedentlich aufs Haupt. Mit seinem gewaltigen Heere, das aus Arabern und Persern besteht, verfolgt er Marwân von Land zu Land, der schliefslich seine Zuflucht in Ägypten sucht. Hier rafft sich der letzte Omeijade zum Verzweiflungskampfe auf. Bei dem Orte Azimum (?) auf dem linken Nilufer kommt es zur Entscheidungsschlacht. Marwâns Anhänger kämpfen wie die Löwen, zwei Tage schon wogt die wilde Schlacht, in der kein Pardon gegeben wird, erst am dritten Tage wird Marwân und sein Heer vernichtet. Die Köpfe der Führer des Omeijadenheeres werden dem 'abbasidischen Chalifen als Siegeszeichen zugesandt. Der Sturz der Omeijaden ist das letzte grofse Ereignis, das Pac. in seiner Chronik berichtet. Mit einem Hinweis auf seinen liber verborum dierum saeculi schliefst er.

---

*) Die Stelle lautet Pac. 66: Alulit .... sublimatur in solio: cui sine mora ab Iziz regno dempto permanet dodrans cum anno. Tunc intestino furore omnis conturbatur Hispania. Geradezu verblüffend wirkt, was Roderich von Toledo aus dieser Stelle gelesen hat (17). Das Wort dodrans ist ihm unklar, er macht folgendes daraus: consenserunt, ut Alulith .... in ejus solio locaretur, qui regnavit annis duobus: nec mora Doran rebellia suadente omnis Hispania conturbatur. So ist ein Störenfried namens Doran entstanden; übrigens nicht die einzige Persönlichkeit, die dem Scharfsinne des grofsen Lateiners auf dem erzbischöflichen Stuhle von Toledo ihre Existenz verdankt (cf. Rod. hist. Arab. 11 Azam und 17 Toban, beides sehr nebelhafte Personen).

*) Tailhan 51⁴ macht Jazîd III. und Marwân II. zu Brüdern. Das ist falsch.

In manchen Punkten weicht diese letzte Erzählung von den arabischen Nachrichten ab. Auffallend ist, dafs die grofse Schlacht bei Mossul, in der Marwân vor seiner Flucht nach Ägypten geschlagen wird, ebenso dafs der Sieger in eben dieser Schlacht, der grausame Oheim des Abul-Abbâs Abdallah, gar nicht erwähnt wird, dafür dessen Unterfeldherr el-Çâlih in den Vordergrund tritt. Über das Geschick des Ibrahim lautet Pac. völlig anders. Nach ihm findet Ibrahim bei der Thronbesteigung Marwân II. den Tod. Nach den Arabern söhnt sich Ibrahim mit Marwân aus und kämpft an dessen Seite. Auf der Flucht nach der grofsen Schlacht bei Mossul ertrinkt er im Euphrat. Mehrere Araber erwähnen, dafs über Ibrahims Tod verschiedene Versionen in Umlauf sind (el-Makin 88). Masûdi (VI, 32) deckt sich mit Pac.

Manche interessante Details erfahren wir aus Pac., der die Araber auf diese Weise trefflich ergänzt, so die Nachricht, dafs im Heere el-Çâlihs auch Perser und Heiden vertreten sind (exercitus Arabum et Persarum hactenus solem excolentium pullataque daemonia[*])), und dafs die Schlacht in Ägypten drei Tage gedauert habe und Marwân erst am dritten gefallen sei.

Wir haben bisher die Reihe der Chalifen bis zum Sturze der Omeijaden verfolgt, ohne die Eroberung Spaniens näher zu berücksichtigen. Ehe wir uns diesem weltgeschichtlich bedeutendsten Ereignisse aus dem Erzählungsgebiete unserer Chroniken zuwenden, wollen wir kurz das betrachten, was unsere Autoren über die Geschichte der Westgoten bieten.

§ 3. Die Nachrichten über die Westgotenkönige.

Wie anfangs nachgewiesen ist, haben wir es bei den Gotennachrichten lediglich mit Pac. zu thun. Was Con. davon hat, ist bis Kap. 13 incl. aus Isidor von Sevilla und von Kap. 16 an aus Pac. entlehnt. Die gotischen Nachrichten des Pac. enthalten Elemente der verschiedensten Art. Die Notizen über die Regierungen der

---

[*]) Tailhan (53) streicht die Worte pullataque daemonia als eine thörichte Glosse und zwar aus folgenden gewichtigen Gründen. 1. Reim und Rhythmus erfordern es. 2. Der heilige Isidor, Hispaniae gothicae doctor et oraculum, erzählt in seiner Chronik zwar von dem Feuerdienst der Perser, aber nichts von einem Dämonenkult. Damit ist nach Tailhan bewiesen, dafs die Perser Dämonen nicht verehrt haben, und dafs daher diese Worte, weil sie Falsches behaupten, unecht sein müssen!

Gotenkönige selbst und ihre politischen Thaten treten zurück. Sehen wir von der ausführlicher gegebenen Geschichte des Witiza ab, so dienen die Königsnamen eigentlich mehr dazu, kirchliche Nachrichten über Konzilien und berühmte Kirchenmänner daran anzuschliefsen. Besonders oft und gern erzählt Pac. von den glänzenden Kirchenversammlungen zu Toledo. Es mufs sich da von selbst der Schlufs aufdrängen, dafs Pac. für diese Nachrichten die Akten jener alten Konzilien benutzt hat. Eine genauere Prüfung derselben wird aber ergeben, dafs Pac. nicht ausschliefslich die Konzilsakten verwendet, sondern dafs ihm daneben eine andere Überlieferung klerikaler Art zu Gebote gestanden hat.

Pac. beginnt seine Chronik mit Heraklius; es ist deshalb nur folgerecht, dafs er die Reihe der Gotenkönige mit dem eröffnet, der als Zeitgenosse mit jenem in Verbindung trat, mit Sisebut (Pac. 6). Die nicht rein kirchlichen Nachrichten über ihn hat Pac. wahrscheinlich aus den Werken Isidors von Sevilla, und zwar die Eroberung der Griechenstädte und die gewaltsame Judenbekehrung aus Chron. 5814 und die Notiz über Sisebuts Bildung und die Angabe seiner achtjährigen Regierungsdauer aus hist. Goth. 650, jedoch hat Pac. den Wortlaut vollkommen selbständig formuliert. Pac. berichtet noch von der kirchlichen Berühmtheit des Helladius und des Isidor von Sevilla und erzählt, wie Isidor auf dem Konzile zu Hispalis den Akephaler Syrus zum Widerrufe genötigt habe. Es ist dies das con. Hispal. II. (Aguirre II, 462).*) Aus den Akten dieses Konzils konnte Pac. nur die Thatsache des Widerrufs entnehmen; dafs Isidor ihn zum Widerruf genötigt, sowie die kirchliche Berühmtheit des Helladius, der auf diesem Konzile gar nicht vorkommt, geht daraus nicht hervor.

Rekkared II. (Pac. 7) folgt auf Sisebut. Der erste Interpolator des Con. hat ihn als zu unbedeutend gar nicht aufgeführt.

Suintbila (Pac. 8) beendet siegreich den Krieg mit den Römern und beherrscht ganz Spanien. Von den Schlechtigkeiten, die dem Suinthila in den Akten des 4. toledanischen Konzils zur Last gelegt werden, erwähnt Pac. nichts.

Sisenandus (Pac. 9) beruft ein grofses Reichskonzil nach Toledo. Es ist dies das conc. Tol. IV (Aguirre II, 477). Pac. (9) erzählt,

---

*) Joseph Saenz de Aguirre, collectio maxima conciliorum omnium Hispaniae. Rom 1694. Hier kommt nur tom. II in Frage.

dafs dies zum ersten Male wieder seit Rekkared I. ein spanisches Gesamtkonzil gewesen sei, dafs Braulio sich hier durch Beredsamkeit ausgezeichnet und dafür von Rom Anerkennung bekommen habe per epistulare eloquium. Diese drei Nachrichten sind nicht den Konzilsakten entnommen.

Auch Chintila (Pac. 10) beruft ein Konzil nach Toledo, das conc. Tol. V *) (Aguirre II, 507). Die Nachricht, dafs Braulio auf diesem Konzil glänzte, hat Pac. nicht aus den Akten. Braulio kommt dort nur als Subskribent vor.

Über Tulgas berichtet Pac. nichts Besonderes (11). Charakteristisch ist das Beiwort bonae indolis et radicis. Das Konzil unter Chintila hatte bestimmt, dafs nur ein Mann aus edlem gotischem Geblüte hinfort die Krone tragen solle.

Chindasvinthus (Pac. 13, Chindus nach Con.) bemächtigt sich der Herrschaft per tyrannidem, er regiert hart und scharf (demoliens Gothos) und beruft ein Konzil nach Toledo, das conc. Tol. VII. (Aguirre II, 522). Dann erzählt Pac. sehr ausführlich das Abenteuer des Bischofs Tajo in Rom, der von Chindasvinth abgeschickt war, um aus Rom Gregors I. Buch „expositio in Jobum seu moralium libri XXXV" zu holen. Diese Sendung des Tajo hat mit dem eben erwähnten Konzile nichts zu thun. In den Konzilsakten ist auch nicht die Rede davon. Tajo wird während des Konzils in Rom gewesen sein, in den Akten fehlt seine Unterschrift.

Reccesvinthus (Pac. 15) erhält von Pac. das Beiwort licet flagitiosus, tamen bene monitus. Unter ihm findet eine Sonnenfinsternis statt; bald darauf fallen die Basken in Spanien ein. Reccesvinth hält verschiedene Konzilien ab. Besonders erwähnt Pac. das conc. Tol. VIII (Aguirre II, 538). Dafs dies Konzil gemeint ist, geht aus der Nachricht hervor, dafs auf ihm de sanctae Trinitatis mysterio verhandelt ist (cf. can. 13).

Von Wamba giebt uns Pac. sehr eingehende, doch nur kirchlichen Charakter tragende Nachrichten (21 und 22). Er berichtet von Wambas Bauthätigkeit und führt das unter ihm abgehaltene Konzil, conc. Tol. XI, an (Aguirre II, 660). Für unsere Unter-

---

*) Tailhan meint, es sei das conc. Tol. VI. Doch Pac. sagt ausdrücklich, es hätten 24 Bischöfe an dem Konzil teilgenommen. Nach den Akten haben am conc. Tol. V 24 Bischöfe teilgenommen. Aufserdem weisen die von Pac. erwähnten seniores palatii auf das conc. Tol. V hin. In den Akten dieses Konzils werden sie erwähnt, im conc. Tol. VI dagegen kommen sie gar nicht vor.

suchung ist dies die interessanteste Konzilsnachricht, die Pac. bietet. Er leitet dies Konzil mit einigen Worten ein, die wir genau so in den Akten wiederfinden. Sie betreffen den Vergleich Spaniens mit dem Luc. 13, 11 erwähnten kranken Weibe (cf. praef. conc. Tol. XI, 3).*) Des Pac. Bericht weist sonst starke Differenzen mit den Akten auf. Pac. sagt, dafs dies ein Reichskonzil gewesen sei, nach den Canones war es nur ein Provinzialkonzil. Ferner handelt die offizielle praefatio der Akten von der Trinität, ihrem reciproken Verhältnis und der Zweinaturenlehre, nach Pac. aber hat die Väter vor allem die immaculata conceptio beschäftigt. Schliefslich wirken nach Pac. die Schriften des heiligen Ildefonsus von Toledo gewaltig auf die versammelten Bischöfe ein und trösten sie. Davon steht in den Akten auch nicht ein Wort. Diese Differenzen zwischen Pac. und den Akten deuten mit Sicherheit darauf hin, dafs Pac. neben den Canones noch eine andere Quelle traditioneller Natur gehabt hat. Dafs er aber auch die Canones gekannt und benutzt hat, geht einmal daraus hervor, dafs er sie citiert (Pac. 10), sodann aus den genauen Lokalangaben über die Konzile, die stets mit den Akten stimmen, und in unserer Stelle aus dem Vergleich mit dem kranken Weibe. — Von den bedeutenden politischen Ereignissen unter Wamba erwähnt Pac. nichts.

Unter Ervigius wütet nach Pac. 23 eine grofse Hungersnot in Spanien. Pac. erwähnt das conc. Tol. XII (Aguirre II, 681), dem er hier zum ersten Male die offizielle Nummer beifügt. Die Nachricht über Julian von Toledo stammt nicht aus den Akten.

Egikas Regierung schildert Pac. (25 und 26) als eine harte (Gothos acerba morte persequitur). Die ganze Schärfe derselben erhellt aus den Gegenmafsregeln seines Sohnes Witiza. Unter Egika wütet in Spanien eine plaga inguinalis. Das unter Egika abgehaltene conc. Tol. XV (Aguirre II, 721) erwähnt Pac. Die einleitenden Worte hat er wieder direkt aus den Akten entnommen. Die Absolution des Egika von dem dem Ervigius geleisteten Eide, die in den Akten einen breiten Raum einnimmt, hat Pac. auch, obwohl er uns

---

*) Tailhan (101) verkennt in diesem Vergleich überhaupt ganz das tertium comparationis, denn er korrigiert in den Akten aus dem Satze „quippe mulier illa in evangelio ter senis annorum excursibus curva" die Worte „ter senis" in „terrenis". Abgesehen davon, dafs dies ganz sinnlos ist, verwischt er damit ganz den Vergleichspunkt. Dieser liegt eben in den 18 (3×6) Jahren, die das Weib krank, und die Spanien ohne Konzil, und deshalb auch krank war.

vorher gar nichts von diesem Eide erzählt hat. Die Zahl der Teilnehmer an diesem Konzile differiert bei Pac. und in den Akten. Unter Egikas Regierung erzählt Pac. noch die Affaire mit Julians Buche de tribus substantiis. Der Papst hat dies Buch minus caute tractando auf den Index gesetzt. Auf dem 15. toledanischen Konzile besteht Julian auf seinen Aussagen und schickt kirchliche Männer mit einer Verteidigungsschrift nach Rom. Der Papst, der die Gesandten gnädig aufnimmt, wird eines Besseren belehrt, und Julians Bücher gelangen wieder zu Ehren. In die Konzilsakten, die hiervon nichts berichten, ist nur ein Auszug aus dem Apologeticus Julians aufgenommen ohne jedes erläuternde Beiwort. Pac. mufs deshalb für die begleitenden Nebenumstände eine andere Quelle gehabt haben.

Witiza, der vorletzte König der Goten, ist der einzige, von dem Pac. (29) eine nähere Schilderung nicht kirchlicher Regierungsthaten giebt. Witiza sucht die Wunden zu heilen, die seines Vaters Härte geschlagen. Er nimmt die, die sein Vater verbannt hat, wieder zu Gnaden an und mildert überhaupt den Druck der Regierung. Wer um das Seine gekommen ist, erhält es zurück. Alle schriftlichen Verbindlichkeiten, die sein Vater sub dolo erprefst hat, verbrennt er und befreit die Unschuldigen von ihren Verpflichtungen. Allen giebt er die eingezogenen Güter zurück und verleiht denen, die Unrecht gelitten, Hofämter. Die kirchlichen Nachrichten über Witiza sind nicht so günstig. Sindered, Erzbischof von Toledo, verfolgt auf Witizas Antreiben die ältesten und verdientesten Männer seines Sprengels. Später beim Einfall der Araber läfst er seine Gemeinde im Stich und eilt nach Rom, non ut pastor, sed ut mercenarius Christi oves contra decreta majorum deserens, wie Pac. bezeichnend sagt. Sehr lobend erwähnt Pac. dann noch als grofse Kirchenlichter Felix und Gundericus von Toledo, von denen der erstere glänzende Konzilien unter Egika und Witiza abgehalten hat.

Das Bild, das Pac. von Witiza entwirft, ist, abgesehen von der üblen Einwirkung auf Sindered, ein sehr gutes. Omnis Hispania gaudio nimio freta alacriter laetatur, sagt er. Es ist dies auffallend, weil Witiza in fast allen späteren Nachrichten als ein höchst unsauberer und gewaltthätiger Regent geschildert wird. Eine nähere Untersuchung soll, wie sich herausstellen wird, uns das Recht geben, dieses Trug- und Zerrbild der Späteren zu vernichten und dafür das anziehende Bild des Pac. als das allein der geschichtlichen Wahrheit entsprechende wieder zu Ehren zu bringen. Die nächste auf Pac.

folgende Chronik, die von Albelda, erwähnt den Witiza, ohne ein
Werturteil hinzuzufügen (Florez, Esp. sagr. XIII, 449). Nicht un-
wichtig ist es auch, daſs wir unter den arabischen Historikern einige,
wie Ibn Adsârí (II, 4) und Ibn el-Athîr (IV, 443), finden, die ein
günstiges Urteil über Witiza abgeben. Bei Sebastian von Salamanka
(Ende des 9. Jahrhunderts) tritt uns zum ersten Male der böse Witiza
der späteren Überlieferung entgegen (Florez, Esp. sagr. XIII, 477).
Iste quidem, heiſst es dort, probrosus et moribus flagitiosus fuit et
sicut equus et mulus, quibus non est intellectus, cum uxoribus et
concubinis plurimis se inquinavit, et ne adversus eum censura eccle-
siastica consurgeret, concilia dissolvit, canones observit, [omnemque
religionis ordinem depravavit], episcopis, presbyteris et diaconibus
uxores habere praecepit. Wie erklärt sich diese Wandlung in der
Beurteilung des Mannes? Sebastian hat den Pac. nicht gekannt, das
ergiebt sich mit Sicherheit aus der Vergleichung der beiden Chroniken.
Sebastian sagt ferner in seiner Einleitung, daſs er der erste sei, der
seit Isidor von Sevilla wieder spanische Geschichte schreibe. Er hat
demnach für seine Darstellung aus mündlicher Überlieferung geschöpft. Und hier haben wir die Quelle für die neue Beurteilung
des Witiza. Aus dem milden und leutseligen Herrscher ist im Volks-
munde im Laufe der Jahrhunderte ein tyrannischer, niedrigen Lüsten
frönender Gesell geworden. Aber wie ist das möglich gewesen?
Dozy beantwortet in seinen Recherches I, 15 ff. diese Frage mit
einer einleuchtenden Hypothese. Er meint, es war den spanischen
Christen unverständlich, wie Gott es hatte zulassen können, daſs die
heidnischen Araber die christlichen Spanier besiegten. Deshalb haben
Priester und Mönche den Charakter der der Eroberung vorangehenden
Zeit in ihrem Interesse gefälscht. Nach ihnen stellt diese Zeit den
Gipfel der Ruchlosigkeit und Gottlosigkeit dar, und die Unterwerfung
unter die Araber ist nichts als Strafe Gottes. Daſs Dozy mit seiner
Annahme recht hat, und daſs wirklich diese Ansicht vom Untergange
des Westgotenreiches später in Spanien die herrschende war, läſst
sich durch eine ganze Reihe von Beispielen beweisen. Sebastian
selbst ist Beweis dafür; nachdem er Witiza in seiner Verworfenheit
geschildert hat, sagt er: istud quidem scelus Hispaniae causa pe-
reundi fuit et quia reges et sacerdotes legem Domini dereliquerunt,
omnia agmina Gothorum Saracenorum gladio perierunt. Alle
Späteren folgen dem Sebastian auf dem einmal betretenen Wege und
schildern den sittlichen Zustand Spaniens zur Zeit der Eroberung immer

ungeheuerlicher. Nach dem Mönch von Silos (1110) wälzen sich nicht nur der König und die Grofsen des Reiches in allen Lastern, sondern schon das gesamte Volk ist angefressen, simul omnis gens Gothorum laxo imperio animum ad lasciviam et superbiam flectere coepit (Florez, Esp. sagr. XVII, 277). Roderich von Toledo (Hisp. chron. III, 15) steht ihm nicht nach, beide haben schon ein langes Kapitel über die flagitia, facinora et fraudes des Witiza. Alle nachfolgenden Skribenten gefallen sich darin, die üblen Nachrichten ihrer Vorgänger breitzutreten und ihren Teil zu dem Unrat beizusteuern. Rodericus Sancius de Arevalo († 1470) bei Schott, Hisp. illustr. I, 151 ff. sagt sogar: igitur hujus Roderici et aliorum regum Gothorum peccata, tyrannides, injustas successiones, rapinas et alia scelera vindicare voluit (scl. deus). So wird also die ganze Reihe der Gotenkönige ohne weiteres über einen Leisten geschlagen. Sie haben alle nichts getaugt, und deshalb ist Gott mit einem „Quos ego!" dazwischen gefahren. Da sieht man, was man von dem ganzen Raisonnement zu halten hat. Geistliche und Mönche haben jene Zeit und ihre Vertreter in den Staub gezogen, weil sie nach ihrer beschränkten Weltauffassung eine verderbte sein mufste. Dabei ist ihnen die historische Wahrheit in die Brüche gegangen. Will man die haben, so mufs man sich an Pac. halten, der jene Zeit mit vorurteilsfreierem Blicke ansah und beurteilte als seine würdigen Nachfolger.

Doch das Sündenregister dieser Geschichtsmacher ist noch nicht zu Ende. Auf einen Punkt in den Worten des Pac. über Witiza müssen wir noch zurückkommen. Nach Pac. hat Witiza den Erzbischof Sindered veranlafst, Geistliche seines Sprengels zu schikanieren und zu verfolgen. Dies pafst nicht in das Bild hinein, das Pac. sonst von Witiza entwirft. Dozy, der dies auch empfindet, liest deshalb etwas ganz anderes aus der Stelle heraus. Er sagt Recherches I, 16: Le seul reproche qu'Isidore adresse à Witiza, c'est qu'il était trop sévère pour les ecclésiastiques qui négligeaient leurs devoirs. Doch ausdrücklich nennt Pac. (35) die Geistlichen longaevos atque merito honorabiles viros. Demnach kann von Pflichtverletzung gar keine Rede sein. Eine noch schlechtere Lösung bietet Tailhan. Er erklärt (24[2]) diese ganze Erzählung für eine Legende und behauptet kurzweg, Sindered sei überhaupt niemals aus seinem Bischofssitze vertrieben worden. Man sieht wieder, wie man Tailhan auf die Finger passen mufs; aus dem freiwilligen, feigen Imstichlassen der

Gemeinde wird ein Vertriebenwerden; es handelt sich ja um ein Mitglied des Klerus. Am einfachsten wird sich, glaube ich, die Schwierigkeit auf folgende Weise beseitigen lassen. Die Stelle bei Pac. heiſst: merito honorabiles viros, quos .... reperit .... stimulat atque instinctu jam dicti Witizae principis eos sub ejus tempore convexare non cessat. Man wird aus diesem Satze die Worte instinctu jam dicti Witizae principis als spätere Glosse hinauswerfen dürfen. In Pac. schlieſst sich unsere Stelle eng an die Darstellung der Regierung des Roderich an, und das sub ejus tempore bezieht sich eben auf Roderich. Nun hat aber ein späterer, über Witiza schon anders urteilender Abschreiber durch seinen Zusatz instinctu jam dicti principis Witizae die ganze Nachricht auf Witiza bezogen und hat sie als belastendes Material gegen ihn benutzt; dabei ist es ihm entgangen, daſs durch seinen Zusatz das sub ejus tempore überflüssig geworden ist.

Übrigens muſs diese Interpolation schon früher erfolgt sein, alle noch vorhandenen Handschriften haben sie schon. Auch dem Roderich von Toledo erschienen die eingeschobenen Worte eigentümlich, er kopierte sie nicht ohne weiteres, sondern glaubte, ihnen eine Erklärung beigeben zu müssen. Sinderedus, sagt er, viros coepit graviter infestare et hoc ad instinctum Witizae, qui propter sui nequitiam eorum justitiam timescebat (Hisp. chron. III, 14).

Über den Ausgang des Witiza und die Thronbesteigung seines Nachfolgers erfahren wir aus Pac. so gut wie nichts. Wie an anderer Stelle auseinandergesetzt werden wird, erklärt sich dies daraus, daſs hier gröſsere Partieen aus der ursprünglichen Chronik des Pac. ausgefallen sein müssen. Die späteren spanischen Chronisten erzählen alle, daſs Roderich sich erst nach dem Tode Witizas der Herrschaft bemächtigt habe. Ob dies der Wahrheit entspricht, oder ob die Nachricht des Arabers Ibn Adârí (II, 4), daſs nämlich Roderich sich gegen Witiza erhoben und ihn getötet habe, das Richtige trifft, diese Frage läſst sich aus dem Pac., wie wir ihn heute vor uns haben, nicht entscheiden.

§ 4. Der Bericht über die Eroberung Spaniens.

Schon früher, bei der Zusammenstellung der Chalifennachrichten, erwähnten wir unter dem Chalifen Walid die kurze Notiz des Con. über die spanische Eroberung. Pac. hat dieselbe aus Con. entlehnt. Auſserdem aber hat er noch einen selbständigen, eingehenderen Bericht über dieses Ereignis, den wir gemäfs der weltgeschichtlichen Tragweite der arabischen Invasion hier besonders behandeln wollen (Pac. 34 und 36).

Aus der sprachlich Schwierigkeiten bietenden Darstellung des Pac. scheint sich mir folgendes mit Sicherheit zu ergeben. Roderich (Rudericus) ist Statthalter einer im Süden Spaniens gelegenen Provinz. Die afrikanischen Mauren machen ihm viel zu schaffen, sie greifen wiederholt seine Provinz an und zerstören verschiedene an der Küste gelegene Städte. Im Jahre 750 (span. Ära) schickt Mûsá, der arabische Statthalter von Afrika, ein starkes, aus Arabern und Mauren bestehendes Heer unter dem Befehl des Tarik, des Abu Zara und anderer über die Meerenge. Diese landen und überschreiten das Vorgebirge (transductis promontoriis). Jetzt sammelt Roderich, der sich der Königswürde durch Usurpation (tumultuose regnum invadit) in Übereinstimmung mit dem Rate des Reiches bemächtigt hat (hortante senatu) — ob anläfslich der arabischen Invasion oder nicht, das bleibt dahingestellt —, ein Heer und zieht gegen die Eindringlinge. Der Kampf fällt zu ungunsten der Goten aus. Roderich mufs weichen. Das gesamte Heer der Goten, die sich nur unter seine Fahnen geschart hatten, um ihm seine Königswürde wieder zu entreifsen (qui cum eo aemulanter fraudulenterque ob ambitionem regni advenerant), flieht, und Roderich selbst fällt. Auch seine falschen Bundesgenossen kommen in der Schlacht um. So verliert Roderich Krone, Vaterland und Nebenbuhler. Die Araber verheeren Spanien, in dem noch dazu innere Unruhen ausgebrochen sind (verum etiam intestino furore confligeretur), bis Mûsá aus Afrika herüberkommt und die Eroberung vollendet.

Neben dieser Darstellung des Pac. haben wir noch einen kurzen Bericht in Con. 43. Es gehört dies Kapitel zu den von Mariana in seinen Codex eingefügten Stücken. Gerade hier ist leicht zu sehen, dafs Mariana seine Worte ganz aus Pac. entlehnt hat. Selbst den tragisch klingenden Schlufssatz hat er nicht originell abgefafst, denn man merkt darin nur zu deutlich die Anklänge an Pac. 33 und 16. Ebenso hat schon Ranke (V, 2, 283 Anm. 2) darauf aufmerksam gemacht, dafs Roderichs Thronbesteigung furtim magis quam virtute genannt, also mit demselben Ausdruck bezeichnet werde, den Pac. 3 von der Erhebung der Muhammedaner gebraucht.

Ranke schildert in der Weltgesch. V, 1, 212 ff. den Hergang der Eroberung treffend. In seinem Exkurs dagegen kann ich ihm bei seiner Detailerklärung des Pac. nicht folgen. Er zieht die Worte transductis promontoriis zu se cum eis configendo recepit und übersetzt „man schlug sich am Vorgebirge und zog sich dann zurück". Das können die Worte aber niemals heifsen. Soll das ferner eine Seeschlacht oder eine Landschlacht sein? Auch spricht Ranke von zwei Schlachten, von denen doch Pac. bestimmt nichts sagt. Es bleibt somit die Stelle dunkel wie zuvor. Ranke macht hier überhaupt mehr auf die einzelnen Schwierigkeiten aufmerksam, als dafs er eine eingehende Lösung böte. Das transductis promontoriis geht vielmehr auf die Araber. Das Eindringen der Araber in die spanische Halbinsel, das ist ja gerade dem Pac. das Bemerkenswerteste, und deshalb bestimmt er es chronologisch genau.

Tailhan bezieht auch das transductis promontoriis auf Roderich und versteht gar unter promontoria die Sierra Morena. Doch promontorium heifst in der mittelalterlichen Latinität ebensowenig wie in der klassischen ein Binnengebirge, sondern stets Vorgebirge. Unser Autor hat auch für Binnengebirge den Ausdruck montana (Pac. 36).

Tailhan kommt überhaupt zu eigentümlichen Resultaten betreffs dieser Schlacht. Er wendet sich zunächst gegen die Auffassung, dafs Roderich vor seiner Thronbesteigung Statthalter einer spanischen Provinz gewesen sei. Er sagt (p. 168): que dit en effet l'Anonyme? Que Rodrigue marcha contre Târic, Abou-zara et les autres envahisseurs envoyés par Mousâ, ravageant depuis longtemps une province à lui confiée. Or ceci serait vrai, alors même que Rodrigue n'aurait jamais été duc de la Bétique. Car il était de son devoir de roi de veiller au salut de toutes et de chacune des provinces du royaume qui lui avait été confié par le fait même de son élection. Das Logische des obigen Schlusses finde ich nicht heraus. Den Gegengrund, dafs dem Roderich als König jede Provinz des Reiches anvertraut gewesen sei, dafs also aus den Worten provincia sibi credita gar nicht auf ein spezielles Verhältnis zwischen Roderich und dieser betreffenden Provinz zu schliefsen sei, kann man kaum ernst nehmen. Auch die Anmerkung, die Tailhan p. 168[b] giebt, will mir nicht einleuchten; wenn Roderich dort Statthalter gewesen sei vor seiner Erhebung zum Könige, so müsse es heifsen provincia olim oder dudum sibi credita? Das diu sibi provinciam creditam incursantibus deutet auf die früheren Angriffe, die die

Mauren unternahmen, als Roderich noch Statthalter war. Ihr Einfall unter Tariks Führung ist damit gar nicht gemeint. Ganz eigenartig, weil alle Überlieferung und bisherige Auffassung auf den Kopf stellend, ist nun die Ansicht Tailhans, dafs die Entscheidungsschlacht gegen Roderich durch Mûsá geschlagen sei. Er nimmt also an, dafs Mûsá vor dieser Entscheidungsschlacht nach Spanien gekommen sei. Der Text unseres Pac. spricht, unbefangen gelesen, gegen diese Annahme. Tailhan stützt sich vor allem auf die Chronologie, die Pac. giebt. Nach Pac. 34 ist Roderich 750 (712) geschlagen, in einem folgenden Kapitel (Pac. 36) sagt er, Mûsá sei 749 (711) nach Spanien gekommen. Da der Kontext diese Chronologie Lügen straft, so ist sie falsch, resp. verderbt. Bei derartigen Untersuchungen können überhaupt Zahlen gar nicht als ausschliefsliches Beweismaterial gebraucht werden, wenigstens nicht bei unserem textlich so verderbten Autor. Wie leicht kann hier eine Zahl, zumal sie in den Handschriften des Pac. alle in römischen Ziffern geschrieben sind, im Laufe der Zeit geändert sein. Ich behaupte deshalb, dafs sowohl Kap. 34 die Zahl DCCL als auch Kap. 36 die Zahl DCCXLIX und die entsprechenden Vergleichsdaten, die so wie so schon nicht passen, ursprünglich anders gelautet haben. Vor allem kennzeichnet der Kontext, der sonst eine wohlzusammenhängende Darstellung bietet, diese Chronologie als unhaltbar. Durch Tailhans Hypothese wird alles durcheinander geworfen. Nun bringt Tailhan aber noch einen Grund. Pac. sagt von Roderich, er habe durch den Verlust der Schlacht regnum et patriam verloren, von Mûsá sagt er „omnino impie adgressam perditans penetrat (scl. Hispaniam)", was Tailhan „a consommé la ruine de ce malheureux pays si injustement attaqué" übersetzt. Er schliefst weiter: hat Tarik den Roderich allein besiegt, so sind die Worte, die Pac. über Mûsás Erfolge gebraucht, übertrieben, denn dann ist Tarik eigentlich derjenige, der die Eroberung vollendet hat. Doch dem erwidern wir zunächst, dafs „omnino impie adgressam perditans penetrat Hispaniam" gar nicht das heifst, was Tailhan daraus liest. Es ist hier vielmehr, da omnino zu impie gehört und nicht zu perditans, nicht von einer Vollendung der Vernichtung Spaniens die Rede, sondern das Vordringen des Mûsá wird als omnino impie bezeichnet. Dann aber auch zugegeben, Tailhan hätte den vom Autor gemeinten Sinn erfafst, so beweist das doch nichts für ihn. Mag auch Tarik den Roderich gestürzt haben, so war damit die Arbeit noch lange nicht gethan, und man kann sehr wohl von Mûsá, der das ganze übrige Spanien eroberte, sagen, dafs er den Sturz dieses unglücklichen Landes vollendet habe, auch wenn er an der Besiegung Roderichs nicht teilgenommen hat. Fast als sähe Tailhan die Schwachheit der von ihm vorgebrachten Gründe ein, sucht er ihnen noch notdürftige Stützen von anderer Seite zu geben. Er citiert zwei spätere Chroniken, die für seine Ansicht zeugen sollen, das chronicon Albeldense und den monachus Silensis. Allein derartige spätere Quellen kommen hier gar nicht in Betracht. Wir haben es hier lediglich mit der ältesten Quelle zu thun. Dafs Roderich von Toledo in seiner historia Arabum IX den Text des Pac. ganz so versteht wie wir, und dafs er auch in seiner Gotengeschichte den Hergang in Übereinstimmung mit Pac. schildert, das verschweigt Tailhan. Er citiert nur die für seine Ansicht günstigen Quellen, die widersprechenden unterdrückt er. Wir sehen, dafs Tailhans Ansicht nirgends sicheren Grund und Boden hat. Die Auffassung, dafs nach einem unentschiedenen Treffen durch Mûsás Dazwischentreten die Schlacht endgültig entschieden sei, hat lediglich Tailhans Phantasie hervorgebracht.

Von dem Berichte des Pac. weichen die Darstellungen unserer landläufigen Geschichtswerke bedeutend ab. Dies erklärt sich daraus, dafs in ihnen die Erzählung meist auf den Arabern fufst. Aus der Menge der arabischen Berichte hebt Dozy das Sammelwerk Akhbâr madschmûa als das zuverlässigste heraus, weil es die spanisch-arabische Überlieferung ohne ägyptisches und orientalisches Beiwerk giebt. Trotzdem ist auch dieses Werk mit Vorsicht zu gebrauchen, es ist keine Quelle ersten Ranges, sondern ist, wie fast alle arabischen Geschichtswerke, durch politischen Hafs und Nationalitätsdünkel entstellt, und die Phantasie der Autoren hat die Ereignisse ausgeschmückt und im einzelnen ausgemalt. Dozy hat in seinen trefflichen Recherches I, 40 ff. aus dem Akhbâr madschmûa den Bericht über die Eroberung Spaniens übersetzt. Der Hauptinhalt desselben ist kurz folgender: Mûsá griff die Städte an der afrikanischen Küste an, in denen sich Statthalter der Gotenkönige befanden, besonders die vom Christen Julian verteidigte Stadt Cëuta. Während dessen starb in Spanien der König Witiza und hinterliefs zwei Söhne, Sisebert und Oppas. Doch die Spanier einigten sich mit Übergehung dieser beiden auf Roderich, einen tapferen Kriegsmann, der aber nicht aus königlichem Blute stammte. Nach der damals in Spanien herrschenden Sitte wurden die Töchter der Vornehmen am königlichen Hofe erzogen. Auch Julians Tochter befand sich dort, aber zu ihrem Unglück, denn sie entflammte des neuen Königs Leidenschaft und wurde ein Opfer seiner Lüsternheit. Die entehrte Tochter teilte dem in Afrika weilenden Vater brieflich die ihr angethane Schmach mit. Julian beschloſs, bittere Rache zu üben, er liefs sich in verräterische Unterhandlungen mit Mûsá ein und suchte ihn zur Eroberung Spaniens zu verleiten. Mûsá war nicht abgeneigt. Als vorsichtiger Mann teilte er erst dem Chalifen seine Absicht mit und entsandte, nachdem er die oberherrliche Genehmigung seines Planes erhalten, zweimal Truppenabteilungen nach Spanien, erst unter Abu Zara Tarif, dann unter Tarik. König Roderich, damals gerade auf einem Zuge gegen Pampelona begriffen, brach diese Unternehmung auf die Nachricht von Tariks Landung sofort ab und wandte sich gegen ihn. Tarik hatte in seiner Begleitung den Grafen Julian, der ihn mit Rat und That unterstützte. In Roderichs Umgebung befanden sich die Grofsen des Reiches, darunter auch die Söhne Witizas. Diese letzteren beschlossen, in dem thörichten Glauben, dafs die Araber es nicht auf die Eroberung des Landes, sondern nur auf Beutemachen abgesehen hätten, im Falle einer Schlacht mit ihrem nicht geringen Anhange zum Feinde überzugehen. Ihr Plan gelang. In der Schlacht führten Sisebert und Oppas die Flügel, Roderich das Centrum; die Flügel ergriffen sehr bald die Flucht und rissen schliefslich die Mitte, die sich tapfer gehalten hatte, mit ins Verderben. Roderich war nach der Schlacht verschwunden, sein Schicksal ist nicht aufgeklärt. Tarik nahm dann eine spanische Stadt nach der anderen, bis Mûsá in Spanien erschien und die Eroberung des Landes beendete.

Wir begnügen uns mit diesem einen arabischen Bericht. El-Makkarí (Ausg. v. Gayangos Bd. I a. versch. Stell.), den wir allenfalls noch heranziehen könnten, deckt sich ungefähr mit Akhbár madschmûa. Sehen wir von Nebensächlichem ab, so unterscheidet sich der arabische Bericht von dem des Pac. dadurch, dafs ein Graf Julian der erste Urheber der arabischen Invasion ist, und dafs die Goten, die den König Roderich in der entscheidenden Schlacht im Stiche lassen, auf Geheifs und unter Leitung der Söhne des Witiza handeln.

Welche Bewandtnis hat es zunächst mit diesem Grafen Julian? Durchmustern wir seinetwegen einmal die ganze Reihe der hauptsächlichen Quellenschriften. Die etwa 40 Jahre nach Roderichs

Sturz geschriebene Chronik des Pac. kennt ihn nicht, das chronicon Albeldense aus der Mitte des 9. Jahrhunderts auch nicht, das chronicon Sebastiani aus dem Ende des 9. Jahrhunderts ebensowenig. Da, im Anfang des 12. Jahrhunderts, hat ihn der Mönch von Silos zuerst, und von nun an ist er eine stehende Figur in fast allen christlichen wie arabischen Berichten über Spaniens Fall, besonders bei Roderich von Toledo (1243) und bei Lukas von Tuy (1250). Der erstere hat schon zwei Versionen; ihm ist es fraglich, ob Julians Tochter oder Gattin von Roderich vergewaltigt worden ist. Die späteren spanischen Historiker des 16. Jahrhunderts, die schon die arabische Überlieferung in ihrer ganzen Breite wiedergeben, kennen nach und nach immer mehr Details, sowohl über Julian selbst, als auch über das Motiv seines Verrats. Johannes Vaseo (1513) kennt schon den Namen der Tochter, Caba oder Cava, und auch den Ort ihrer Schmach, in municipio, quod vulgo dicitur Pancoruo. Am genauesten weifs Mariana (1592) Bescheid. In behaglicher Breite schildert er den ganzen Vorgang. König Roderich sieht die Cava beim Spiel, corpus cum magna ex parte nudasset. Man denkt unwillkürlich an David und Bathseba. Die böse Lust entbrennt, und nach vergeblichen Überredungsversuchen folgt die Gewaltthat. Mariana ist sogar in der Lage, seinen Lesern den Brief der Cava an ihren Vater nach Afrika vorzulegen, ein langes Skriptum, in dem sie den Vater in beredten Worten ihre Schande mitteilt und ihn zur Rache anstachelt.

Was lernen wir aus dieser Quellenübersicht? Je weiter die Autoren von den Ereignissen entfernt sind, um so besser sind sie orientiert. Alle dem Unglücksjahre 711 nahen Quellen kennen weder Julian noch Roderichs That, erst Schriften, die ein paar Jahrhunderte später aufgezeichnet sind, berichten davon. Das mufs Zweifel erwecken, ob dieser Graf Julian wohl überhaupt existiert hat. Der Schritt, ihn als unhistorisch aus der Geschichte herauszuwerfen, ist nicht neu, ältere spanische Geschichtschreiber wie Mondejar und Masdeu haben ihn gethan, doch immer wieder hat Julian Verteidiger gefunden, die ihn nicht fallen lassen wollten. Auch Ranke ist in seiner Weltgeschichte bei Julians historischer Existenz stehen geblieben, und zwar aus folgendem Grunde. Slane hat in seiner Übersetzung der Geschichte der Berber des Ibn Chaldûn in einer Anmerkung Seite 346 darauf aufmerksam gemacht, dafs es in dem chronicon Islamismi des el-Dsahabî (Ende des 14. Jahrhunderts) heifst: „Abou-Soleiman-Aïoub, fils d'El-Hakem, fils d'Abd-Allah, fils de Melka-Bitro, fils d'Ilian, était d'origine gothe". Hier ist von den zum Islam übergetretenen Nachkommen eines Goten Julian die Rede. Damit glaubt Slane die Existenz des Grafen Julian erwiesen und pflichtet Gayangos bei, der in seiner Übersetzung des el-Makkarí zu demselben Resultate gekommen ist. Ranke folgt ihm hierin. Allein abgesehen davon, daſs sich über den Wert eines solchen Geschlechtsregisters als historischer Quelle streiten läſst, bleibt doch stets die Frage unbeantwortet, wie es möglich war, daſs die gleichzeitigen oder wenigstens den Ereignissen nächsten Autoren nichts von Julian und seiner folgenschweren That wuſsten, während die mehrere Jahrhunderte später Lebenden ihn ganz genau kannten. Dazu kommt, daſs sich die arabischen Autoren gar nicht einig sind in ihren Nachrichten über Julian, ja eine ganze Reihe, wie z. B. Ibn el-Chatib in seiner Geschichte der Chalifen im Orient, Spanien und Afrika, ihn gar nicht erwähnen. Ibn el-Kutîja (Dozy I, 65) nennt ihn einen Kaufmann, bei den meisten führt er den Titel Graf, bei den einen wird seine Gattin, bei den andern seine Tochter geschändet. Conde, der sein Werk aus den verschiedensten arabischen Historikern zusammengesetzt hat, nennt den Grafen Julian in seiner Darstellung nicht. Er erzählt nur (I, 26), daſs mehrere Christen aus Spanien zu Mûsá gekommen seien mit Klagen gegen Ruderic, der ihnen schwere Beleidigungen zugefügt habe. Später berichtet er, Mûsá habe von einem angesehenen Christen aus Tanja die genauesten Nachrichten über Spanien und seinen König, über dessen schlechte Regierung und die im Lande darüber herrschende Unzufriedenheit erhalten. In einer Anmerkung verwirft Condes Übersetzer zwar nicht die Existenz des Grafen Julian — die Frage läſst er offen —, dagegen die ganze Erzählung von der Entehrung der Cava. Er glaubt, dies alles sei arabische Erfindung, die sich auf damals unter Mauren und Christen im Umlauf befindliche Volksmärchen und Lieder gründe.

Einen interessanten, meiner Ansicht nach freilich erfolglosen Versuch, den Julian dadurch zu retten, daſs man seine Existenz in Pac.' Chronik nachweist, hat Dozy gemacht. Pac. erzählt Kap. 40, daſs dem Mûsá, als er nach seiner Rückkehr aus Spanien von Walid zu einer gewaltigen Geldsumme verurteilt sei, ein gewisser Urbanus aus der Verlegenheit geholfen habe. Pac. sagt von ihm: consilio nobilissimi viri Urbani, Africanae regionis sub dogmate Catholicae fidei exorti, qui cum eo cunctas Hispaniae adventaverat patrias. In diesem Urbanus sieht Dozy den langvermifsten Julianus. Er hält die Verschreibung Urbani aus Juliani durch Kopistenhand für möglich und ändert exorti in exarci um. Dann ist Julian Exarch von Afrika und steht in Abhängigkeit vom byzantinischen Kaiser. Die mittelalterlichen Kopisten sollen dann den Titel Exarch nicht mehr gekannt und dafür comes an die Stelle gesetzt haben. Doch abgesehen davon, dafs der ganze Versuch sehr gekünstelt und deshalb verdächtig erscheint, ist er auch nicht genügend begründet und durchaus nicht einwandfrei. Die vorgenommenen Konjekturen hat Dozy durch herangezogene Beispiele wahrscheinlich zu machen gesucht, doch nichts weiter dadurch bewiesen, als dafs sie wenigstens nicht völlig unmöglich sind. Wie es aber zu erklären ist, dafs die Abschreiber, die das Wort exarcus nicht kannten und deshalb Pac. 40 daraus fälschlich exortus machten, wenige Kapitel früher, wo vom Statthalter Gregorius die Rede ist, richtig exarcus in comes umänderten, obwohl ihnen doch die Bedeutung von exarcus dunkel war, darauf bleibt Dozy die Antwort schuldig. Aufserdem, wenn der Titel exarcus Africae in Briefen Gregors des Grofsen z. B. vorkommt, weshalb soll er dann trotzdem den mittelalterlichen Abschreibern gänzlich unbekannt gewesen sein? Und zum Schlufs, wie soll bestimmt bewiesen werden, dafs in jener Zeit noch der Nordwesten von Afrika zu Byzanz und nicht zu Spanien gehörte? Aus des Pac. früherer Darstellung geht doch klar hervor, dafs mit dem Untergange des comes Gregorius der letzte Rest byzantinischer Herrschaft in Nordafrika verschwunden ist. Der Versuch Dozys scheint mir demnach zurückgewiesen werden zu müssen, wie überhaupt auf Grund des vorhandenen Quellenmaterials eine zwingende Notwendigkeit nicht vorliegt, einen Grafen Julian, der aus Schmerz über die entehrte Tochter zum Verräter seines Vaterlandes wird, als historisch anzuerkennen.

Den zweiten Differenzpunkt zwischen Pac. und den Arabern bildet der Verrat der Söhne des Witiza. Im Pac., so wie er uns jetzt vorliegt, ist von diesen Söhnen nicht die Rede. Die nächsten lateinischen Chroniken, die von Albelda und die des Sebastian, berichten dagegen beide ausdrücklich, dafs Witizas Söhne die Araber ins Land gerufen hätten. Die arabischen Historiker erzählen meist ähnlich wie Akhbâr madschmûa, wenn auch mit kleinen Abweichungen. Auf Grund dieses Quellenbestandes sind wir verpflichtet, die Existenz der Söhne des Witiza und ihre unheilvolle Mitwirkung beim Sturze des Landes als historisch anzunehmen. Dozy hat hier wieder im

Pac. nach Spuren der Söhne des Witiza geforscht und, wie mir scheint, mit mehr Glück als beim Grafen Julian. Pac. hat im Kap. 30 mitten in der Notiz über die beglückende Regierung des Witiza die Worte stehen „suprafatae cladis non ferentes exitium per Hispaniam e palatio vagitant, qua de causa". Diese Worte, die dort völlig zusammenhangslos und unsinnig stehen, will Dozy als von den Söhnen des Witiza ausgesagt wissen. Pac., nimmt er an, ist hier arg zerrissen, von der Nachricht über Witizas Tod und den Verrat seiner Söhne sind diese Worte der letzte Rest, alles andere ist verloren. Die suprafata clades ist der Sturz und Tod des Witiza. Diese Hypothese leuchtet ein, um so mehr als auch sonst aus Pac. wenigstens doch das Vorhandensein von bürgerlichen Unruhen im Lande und das Hinneigen der Mitglieder der entthronten Königsfamilie zu den Muhammedanern hervorgeht. So steht Oppas, ein Bruder des Witiza, auf arabischer Seite und leistet dem Mûsá Henkersdienste an seinen spanischen Landsleuten. Roderich wird durch die Goten in der Schlacht verraten, und zur Zeit der fremden Invasion tobt der Bürgerkrieg in Spanien.

§ 5. Die Nachrichten über die arabischen Walis in Spanien von Mûsá bis Jûsuf.

Wir sind bei dem letzten Teile unserer Aufgabe angelangt. Hören wir, was der Spanier als Zeitgenosse über die arabische Herrschaft in Spanien berichtet.

Er führt zunächst in langen beredten Klagen vor, wie Spanien unter unerhörten Grausamkeiten erobert und schliefslich in Cordoba ein regnum efferum errichtet wird. Mûsás Unterfeldherren verwüsten das Land, in dem, um das Unglück voll zu machen, noch Bürgerkämpfe wüten, in schonungsloser Weise. Roderich ist tot, ein rechtmäfsiger König ist nicht da, und feindlich stehen die Parteien ohne Lenker und Bändiger einander gegenüber. Nun kommt Mûsá selbst nach Spanien. Toledo wird eingenommen, die benachbarten Gebiete werden durch eine pax fraudifica von einander getrennt, verschiedene Edle, die auf der Flucht von Toledo aufgegriffen sind, werden getötet, wobei Oppas, des vorletzten Königs Egika Sohn, ein Parteigänger des Mûsá, das Henkeramt verrichtet.*) So wird ganz Spanien

---

*) Tailhan 24¹ erklärt die hier geschilderte Thätigkeit des Oppas für Legende, weshalb, verrät er uns nicht.

erobert bis nach Saragossa hin, das mit anderen Städten der Verwüstung anheimfällt. Die Städte, die in der Araber Hand fallen, werden verbrannt, die Einwohner gefangen genommen, ja, hohe geistliche und weltliche Würdenträger ans Kreuz geschlagen und selbst Jünglinge und Säuglinge hingemordet.

Von besonderem Interesse ist für uns die Nachricht, dafs die Bewohner einiger Städte sich dem Mûsá durch Unterhändler unterworfen und von ihm die Zusage des Friedens erlangt haben. Voll Mifstrauen erkennen sie jedoch bald, dafs seine Zusage nicht ehrlich gemeint ist, und ziehen sich vor seiner Ankunft in die Berge zurück, wo sie fame et diversa morte periclitantur (Pac. 36). Es sind dies die ersten Spuren von nichtunterworfenen Christen in Pac.' Chronik. Später unter dem Wali Abd el-Malik hören wir wieder von ihnen.

Mûsá hält sich fünfzehn Monate in Spanien auf. Nachdem er seinen Sohn Abd el-'Azîz zum Nachfolger ernannt hat, kehrt er auf Befehl des Chalifen nach Damaskus zurück. Hier kommt er mit der reichen aus Gold, Silber, Edelsteinen und anderen Kostbarkeiten bestehenden Beute an. Auch schöne Spanierinnen für den Harem des Chalifen bringt er mit und als Geiseln gefangene Edle. Doch er wird höchst ungnädig von Walîd aufgenommen und mit Schimpf und Schande während der feierlichen Audienz aus dem Saale gejagt. Der Statthalter ist dem Herrn zu mächtig geworden, so erklärt sich die Ungnade. All sein Ruhm, seine praevalida fama, ist in den Augen des Chalifen parvipensa. Mûsá wird zu martervollem Tode verurteilt, und nur die Fürsprache der Grofsen, der praesules et optimates, deren Gunst sich Mûsá mit Hülfe der spanischen Gelder und Schätze gewonnen, vermag den Chalifen, die Todesstrafe in die gewaltige Geldstrafe von zwei Millionen solidi zu mildern. Mûsá stellt zunächst Bürgen, dann gelingt es ihm dank der in Spanien erworbenen Reichtümer bald die Summe zusammenzubringen. Walîds Nachfolger Suleimân nimmt die Strafsumme in Empfang; Walîd war bald nach seinem Urteilsspruch gestorben. Pac. giebt noch an, dafs bei diesem schwierigen Finanzgeschäfte Mûsá unterstützt wurde von einem hochadligen afrikanischen Christen namens Urbanus, der schon während des spanischen Feldzuges ein steter Begleiter Mûsás gewesen war.

Auffallend in Pac.' Bericht ist, dafs auch nicht die leiseste Spur auf einen Zwiespalt zwischen Mûsá und Tarik hinweist, den doch die Araber sehr eingehend schildern. Sonst deckt sich ihr Bericht im grofsen und ganzen mit Pac. Ibn Chaldûn, el-Makkarí und el-Nuweirí und nach ihnen Conde (I, 56) behaupten, daſs Mûsá einen Zug über die Pyrenäen unternommen habe und bis zur Rhone gekommen sei. Weder Pac., noch sein Ausschreiber Roderich erwähnen davon das Geringste. Es liegt hier bei den Arabern jedenfalls eine Verwechslung mit den Zügen der späteren arabischen Statthalter über die Pyrenäen vor. Manche Araber erzählen, daſs Mûsá nicht, wie Pac. will, von Walid, sondern von Suleimân verurteilt sei; doch el-Makkarí ist ehrlich genug einzugestehen, daſs die Frage, ob Mûsá vor oder nach Walîds Tode nach Damaskus gekommen sei, eine offene bleiben müsse. Um die letzten Schicksale des Mûsá hat sich ein dichter Sagenkranz gebildet, der von späteren Romanschreibern erfunden und ausgeführt ist. Alle diese Nachrichten haben aber keinen Anspruch auf Beachtung, denn sie stehen in direktem Widerspruch mit dem gleichzeitigen Pac.

Mitten in die Geschichte des Sturzes des Mûsá ist in fast allen Handschriften des Pac. ein Stück über den Gotenfürsten Theudimer und seinen Sohn Athanaild eingeschoben. Es ist fragmentarisch, aber doch hochbedeutsam. Sein Inhalt ist folgender: Theudimer hat den Arabern tapfer Widerstand geleistet und hat ihnen groſse Verluste beigebracht. Schon unter den Gotenkönigen Egika und Witiza hat er Griechen, die in Spanien gelandet waren, glänzend zurückgeschlagen. Mit Abd el-'Azîz hat er einen Friedensvertrag geschlossen. Deshalb steht er bei Goten und Orientalen in hohem Ansehen. Pac. rühmt seine Glaubensfestigkeit, Schriftkenntnis, Beredsamkeit und Tapferkeit. Theudimer begiebt sich, — wann und aus welchem Grunde giebt Pac. nicht an —, nach Damaskus zum Chalifen Walîd, wird dort wegen seiner Geistesgaben hoch geehrt und erhält den mit dem Wali Abd el-'Azîz abgeschlossenen Vertrag vom Chalifen bestätigt. Nach seinem Tode nimmt sein Sohn und Nachfolger Athanaild eine gleich geachtete Stellung ein und ist seiner Freigebigkeit wegen berühmt. Der Wali Abû 'l-Khattâr verurteilt ihn zur Zahlung einer groſsen Geldsumme, die, da er selbst sie zu zahlen auſser stande ist, für ihn durch das Heer des Baldsch beschafft wird.

Dieses eigenartige Stück, das uns von selbständigen Christen zur Zeit der arabischen Herrschaft berichtet, gehört sicher nicht an die Stelle, die es jetzt im Pac. einnimmt, es greift hier weit vor. Dozy hält es für ein Fragment aus der anderen Chronik des Pac. Den merkwürdigen Vertrag des Theudimer mit Abd el-'Azîz, dessen historische Existenz durch dieses Stück bewiesen wird, erwähnen auch die Araber.*) Sie erzählen von einer List des Theudimer. Er wird in Orihuela von den Arabern belagert, da bewaffnet er die Frauen der Stadt und stellt sie auf die Mauern. Dann begiebt er sich als Gesandter ins Lager der Araber und erwirkt von diesen, die durch die stattliche Zahl der Verteidiger auf der Stadtmauer stutzig geworden sind, einen vorteilhaften Frieden. — Eigentümlicherweise berichtet Akhbâr madschmûa, daſs Todmir (Theudimer) diesen Vertrag mit Tarik abgeschlossen habe. Das ist sicher falsch. Dem Berichte des Pac. steht die Echtheit an der Stirn geschrieben. Auch Dozy, der sonst das arabische Sammelwerk für sehr zuverlässig hält, giebt dem Pac. den Vorzug.

Abd el-'Azîz, Mûsás Sohn, legt den unterworfenen Spaniern einen Zins auf und läſst es sich in Hispalis bei den Reichtümern Spaniens und mit den schönen Töchtern der Vornehmen, die er in seinen Harem steckt, wohl sein. Mit der Wittwe des Königs Roderich, der Egilo, vermählt er sich. Doch bald ereilt ihn sein Geschick. Er fällt einer Verschwörung der Seinen unter Ajjûb zum Opfer, gerade während des Gebetes trifft ihn der Dolch. Seinem zweiten Nachfolger el-Hurr kommt das Gerücht zu Ohren, daſs Abd el-'Azîz infolge von Einflüsterungen seiner spanischen Gemahlin sich mit dem Gedanken getragen habe, die Oberherrschaft des Chalifen abzuschütteln und ein eigenes, selbständiges Reich in Spanien zu begründen.

---

*) Den Friedenstraktat selbst besitzen wir noch. Casiri hat ihn in der bibliotheca arab.-hisp. Escurialensis II, 105/6 publiziert. Er lautet: Abdelazizus, ducis Moysis, vulgo Musa Ben Nassir filius, ob insignes, quas retulit, victorias longe celeberrimus. .... Is etiam cum Christianis, quos tributarios fecerat, foedus iniit, cujus verba legere est apud Ahmedum Ben Amira in Virorum Hispanorum illustrium vitis. „Conditiones pacis inter Abdelazizum ben Musa ben Nassir et Todmirum ben Gobdos (Gothorum Principem) confectae et sacramento confirmatae.

In nomine Dei misericordis Abdelazizus pacem facit his conditionibus: ne Todmirus principatu deturbetur; neve Christianorum ullus vita vel bonis spolietur; nec eorum uxorum filiorumque libertas aut religio damno et injuria afficiatur; neque templa incendantur. Todmirus vero ut urbes septem, videlicet Orihuela, Valentola, Alicante, Mula, Vacasora, Ota et Lorca sponte tradat; hostium neminem hospitio excipiat, asylumve illi concedat; et siquid moliri adversarios acceperit, renunciet: ipse praeterea et nobilis quisque nummum aureum unum singulis annis persolvant cum modiis frumenti quattuor, totidemque hordei; item defruti batos quattuor, uti etiam aceti; mellis autem atque olei

Pac.' Urteil über Abd el-'Azîz und sein Regiment ist wenig schmeichelhaft. Anders die Araber, die in einzelnen Punkten den Pac. richtig ergänzen, vor allem darin, dafs Abd el-'Azîz auf des Chalifen Suleimân Geheifs ermordet wird. El-Makkarî, der diesen Mord ebenso scharf verurteilt wie die Handlungsweise Suleimâns gegen Mûsá, ist des Lobes voll über die umsichtige und weise Regierung des Abd el-'Azîz. Dafs des Pac. Brille hier getrübt und sein Urteil durch patriotische Empfindungen zu stark beeinflufst ist, wird sich kaum ableugnen lassen. Was die arabischen Schrifsteller sonst noch über Abd el-'Azîz berichten, hat wenig historischen Wert. Sie kennen z. B. wörtlich die Gespräche, die er mit seiner schönen Gattin geführt hat. Solch genaue Kunde macht mifstrauisch.

Nach einmonatlicher Regierung des Ajjûb übernimmt auf Befehl des Chalifen el-Hurr das spanische Emirat. Er unternimmt Kriegszüge über die Pyrenäen nach Südgallien und festigt seine Herrschaft in Spanien. Von Hispalis verlegt er die Residenz nach Cordoba und richtet von hier aus ein geordnetes, straffes Steuersystem ein. Er ist der erste Wali, der sich der Christen gegenüber den Bedrückungen der Berber annimmt. Diese hatten sich arge Erpressungen gegen die Christen zu schulden kommen lassen. El-Hurr zwingt die widerspenstigen Mauren durch Gefängnis und raffinierte Marter zur Herausgabe des Geraubten und setzt die Christen wieder in den Besitz ihres Eigentums (Pac. 44).*)

Die Nachrichten über die innere Verwaltung der arabischen Walis sind sehr wertvoll. Die Araber lassen uns hier fast ganz im Stich, sie erzählen die Kriegsthaten, alles andere ist ihnen gleichgültig.

El-Hurrs Nachfolger ist el-Samah. Er ordnet aufs neue nach eigener Schätzung die Steuern des Landes, aufserdem regelt er die Besitzverhältnisse, die, wie wir hieraus ersehen, stark in Verwirrung geraten sein müssen. Von all den praedia und manualia und dem beweglichen Gute, das bei der Eroberung in den Gesamtbesitz des arabischen Volkes gekommen ist, beläfst er einen Teil in den Händen

---

batos duos pensitent. Famuli vero nonnisi mediam eorum omnium partem persolvant. Datum die 4. Ragebi, anno Egirae 94. Nomina testium: Othmanus ben Abi Abda, Habibus ben Abi Obaida, Edrissus ben Maisera, Abulcasemus Almozeli.

*) Pac. scheidet scharf zwischen Mauri und Sarazeni (cf. Kap. 54, 58, 61). Roderich von Toledo, der diese Unterscheidung bei Pac. nicht kennt, berichtet die Gewaltmafsregeln als gegen die Araber unternommen.

des Fiskus, den anderen verteilt er durchs Los an seine Genossen und Krieger. Er zieht auch mit einem Heere über die Pyrenäen, erobert Gallia Narbonensis und legt nach Narbonne eine Besatzung von auserlesenen sarazenischen Truppen. Bis nach Toulouse dringt er vor und belagert diese Stadt unter Anwendung der verschiedensten Belagerungsmaschinen. Doch während er vor Toulouse liegt, rücken die Franken unter ihrem Herzog Eudo heran. Unter den Mauern von Toulouse kommt es zu einer heifsen Schlacht, in der das arabische Heer völlig geschlagen wird und der Führer selbst fällt. — Ranke betont die Wichtigkeit dieses Ereignisses, insofern es den ersten siegreichen Widerstand bedeutet, den die Araber im Abendlande finden. Die Trümmer des arabischen Heeres flüchten, Abd el-Rahman übernimmt den Oberbefehl, bis Anbasa auf des Chalifen Befehl an die Stelle el-Samahs tritt (Pac. 48).

Des Pac. Nachrichten über Samah sind sehr gut. Makkarí handelt allerdings auch von ihm, ja er erwähnt sogar die neue Steuerordnung, über den gallischen Feldzug dagegen ist er nur sehr kurz (Makkarí II, 32). — Pac. hat für diesen Zug ganz den Con. zu Grunde gelegt. Original gehört ihm nur die Notiz, dafs Samah die Stadt Narbonne mit arabischer Besatzung belegt hat. In den Bericht des Con. (Kap. 51) hat sich ein Fehler eingeschlichen. Nach dem Texte ist Maslama, Abd el-Maliks Sohn, der Führer der arabischen Expedition nach Gallien. Dieser focht aber um jene Zeit nicht in Spanien und Gallien, wo er überhaupt nie gewesen ist, sondern im Osten gegen die Römer (Abul-Fidá I, 453, el-Makin 81). Die Worte per ducem exercitus Mazlema nomine sind entweder eine Glosse oder, was wahrscheinlicher ist, durch Abschreiberschuld an verkehrte Stelle gerückt. In dem ersten Satze von Kap. 51 werden sie gestanden haben, dort haben sie Sinn: adversus Romaniam per ducem exercitus Mazlema nomine quoque multa prospera gessit.

Anbasa kämpft unglücklich gegen die Franken, ebenso seine Unterfeldherren. Der einzige Erfolg, den er erzielt, ist die Eroberung und Verwüstung einiger ihrer Städte und Kastelle. Schliefslich unternimmt er noch einen grofsen Zug gegen sie, auf dem er eines natürlichen Todes stirbt, nachdem er vorher den Hodra zu seinem Nachfolger ernannt hat. Über seine Herrschaft in Spanien, von der Pac. im allgemeinen anerkennend spricht (principatum Hispaniae apte retemptat) erfahren wir nur, dafs er die Abgaben der Christen verdoppelte (Pac. 52 und 53). Makkarí äufsert sich nur ganz allgemein: „er brachte Ordnung in die Verwaltung". Über den letzten gallischen Zug Anbasas lauten die arabischen Nachrichten etwas anders. Ibn Chaldûn behauptet nämlich, Anbasa habe kämpfend den Heldentod gefunden (Makkarí II, 34). Das mag dahin gestellt bleiben; jedenfalls aber ist sicher, dafs der Erfolg der Anbasaschen Unternehmung kein grofser war. Das völlige Schweigen der Araber über diesen Punkt verrät genug. Die im Chronicon Moissiacense (Mon. I, 290/1) aufgeführten Thaten des Anbasa sind die früheren Züge dieses Statthalters. Die letzte grofse, mit dem Tode Anbasas endende Unternehmung wird hier gar nicht erwähnt.

Pac. berichtet noch eine Episode aus der Zeit des Anbasa, die auch Conde, vielleicht nach Pac., hat. Unter ihm tritt unter den Juden Spaniens ein Mann auf mit Namen Serenus, der sich für den Messias ausgiebt und den Juden verkündet, dafs er sie dem gelobten Lande zuführen wolle, wenn sie sich vorher aller ihrer irdischen Habe entledigten. Dies geschieht; doch nun greift Anbasa ein, annektiert das dem Pseudomessias überlassene Gut und wünscht von Serenus aufserdem noch zum Erweise seiner Messianität etwas über die Pläne Gottes zu hören. Was der Wali da gehört, verrät uns Pac. leider nicht. — Roderich hat diese Geschichte nicht. Tailhan verwirft sie als Interpolation, weil sie in einigen Codices nicht stehe und den Zusammenhang unterbreche. Diese Gründe erscheinen mir nicht zwingend, ich halte mit Aschbach (I, 59)*) an der Echtheit der Stelle fest.

Für die Geschichte der nächsten Chalifen sind wir ganz auf Pac. angewiesen. Die Araber gehen über die ganze Zeit von Jahja bis zur Ankunft des Baldsch in Spanien mit wenigen Worten hinweg, auch el-Makkarí, auf den wir doch zunächst angewiesen sind, bietet nur dürftige Nachrichten.

Dem von Anbasa ernannten Hodra folgt bald der neue, vom Chalifen bestimmte Wali Jahja, ein terribilis et crudelis potestator. Die Übervorteilungen der Christen durch die Araber und Mauren beim Erheben der Steuern mufsten trotz der Gegenmafsregeln des el-Hurr wieder eingerissen sein, denn Pac. erzählt, dafs Jahja den Sarazenen und Mauren das Geraubte mit grofser Strenge wieder abgenommen und es den Christen als den rechtmäfsigen Eigentümern wiedergegeben habe (Pac. 54).

Hodaifa, Jahjas Nachfolger, ist ein vir levitate plenus, der sich

---

*) J. Aschbach, Gesch. d. Ommaijaden in Spanien. Wien 1860.

seines Lebens freut, aber wegen der kurzen Dauer seiner Regierung nichts Bemerkenswertes leisten kann (Pac. 56).

Ihm folgt Othman. Daſs der zweite, bei Pac. (57) nun folgende Othman aus Versehen aus Rodericus Toletanus in den Text hineingeraten ist, hat bereits Florez entdeckt (Esp. sagr. VIII, 300 Anm.), nicht erst, wie Ranke meint, Lembke (Ranke, Weltgesch. V, 2, 288[1]). Florez' Vermutung wird durch das Verzeichnis der spanischen Walis aus el-Râzí (bei Casiri II, 325) bestätigt, wo Hodaifa, Othman, el-Haitham gleich auf einander folgen. Conde (23) sowohl als auch Aschbach haben das richtige Verhältnis nicht erkannt.

Othman übernimmt die Regierung nur stellvertretend (alium sustentando), nicht, wie el-Makkarí (II, 36) und Conde wollen, als selbständiger Statthalter. Er ist bloſs Abgesandter des Chalifen und tritt zurück, als sich el-Haitham als der vom afrikanischen Statthalter gesandte Wali legitimiert. Dieser el-Haitham regiert so despotisch, daſs verschiedene seiner Landsleute ihn zu stürzen beschlieſsen. Aber die Verschwörung wird entdeckt. Das Gerücht von dieser Revolte muſs bis nach Afrika gedrungen sein, denn von dort wird insgeheim dem el-Haitham der Rat erteilt, scharf und grausam gegen die Verschwörer vorzugehen. Dieser Rat kommt von seinen Neidern und Nebenbuhlern, die ihm damit nur eine Schlinge legen wollen. Ihr Plan gelingt, el-Haitham befolgt den Rat und schlägt die Verschwörung mit Härte und Grausamkeit nieder. Selbst einen reichen und hochangesehenen sarazenischen Verschworenen, den Sad, schont er nicht, sondern läſst ihn hinrichten.*) Dies bringt ihn zu Fall, seine Landsleute reichen Beschwerde beim Chalifen gegen ihn ein, die nicht wirkungslos ist. Muhammed (Alarcila?) kommt als Zwischenstatthalter nach Spanien und überbringt den Befehl des Chalifen, durch den el-Haitham abgesetzt und Abd el-Rahman zu seinem Nachfolger ernannt wird. Muhammed läſst el-Haitham gefangen nehmen, geiſseln und gescheren und gefesselt auf einem Esel rücklings durch die Stadt führen. Dann sendet er ihn dem dux Africanus zur Bestrafung. Aber sowohl der Chalif wie der Statthalter sind el-Haitham gewogen, denn das Schreiben des ersteren an den Statthalter, das

---

*) Pac. 57 heiſst es: inter quos Zat .... gladio verberat. Roderich v. Tol. (p. 12), dem bei dem Worte verberare nur der Begriff des Prügelns vorschwebt, macht daraus inhumaniter flagellavit. Doch über die Bedeutung des gladio verberat im Munde des biblisch gebildeten Pac. kann gar kein Zweifel sein.

die näheren Details über die Bestrafung el-Haithams angeben soll, ist derart durch unklare Redensarten verklausuliert und den verschiedensten Auslegungen geöffnet, dafs der Statthalter ruhig Jahr und Tag verstreichen lassen kann, ohne die Bestrafung des abgesetzten Wali vorzunehmen.

Diese Vorgänge unter dem Wali el-Haitham, deren Detailkenntnis wir allein dem Pac. verdanken, werden noch verständlicher und zugleich interessanter, wenn man sie als Ausflufs der unter den Arabern herrschenden Stammes- und Parteigegensätze fafst, des grofsen Gegensatzes der Kaisiten und Jemeniten.*) Der afrikanische Statthalter, der den spanischen Wali ernannte, — es war Obaida, Pac. nennt ihn nicht, — war Kaisite. Er sandte el-Haitham, seinen Stammesgenossen nach Spanien, obwohl bisher fast nur Jemeniten dort das Ruder geführt hatten. Eine Reibung war daher unausbleiblich. Die Jemeniten murrten und stifteten eine Verschwörung an, deren Ausgang wir kennen, el-Haitham schlug sie grausam nieder. Der Chalif übertrug nun, um die Jemeniten, die bei ihm Klage geführt hatten, zu versöhnen, die Statthalterschaft in Spanien einem Jemeniten, dem Abd el-Rahman. Damit aber glaubte er auch ihnen Genüge gethan zu haben und entzog durch einen diplomatischen Kunstgriff den el-Haitham einer Bestrafung. Der hervorragendste Führer der Jemenitenpartei in Spanien wurde dann Abû 'l-Khattâr, ein Freund des gerichteten Sad, von dem wir noch mehr hören werden.

Muhammed tritt von seinem Zwischenregiment zurück, als Abd el-Rahman, der neue Wali, ein vir belliger, erscheint. Dieser macht sich durch sein energisches, ruhmbegieriges Auftreten bald Feinde. Einer seiner Offiziere, der an Spaniens Nordgrenze den Kampf gegen die Franken führt, der Berber Munûsa, schliefst plötzlich Frieden mit ihnen, errichtet sich auf eigene Faust eine Herrschaft und heiratet zur Festigung des gegen die Araber geschlossenen Schutz- und Trutzbündnisses die Tochter des Frankenherzogs Eudo, — ein gewagter Schritt, zu dem ihn, abgesehen von persönlichen Kränkungen, die er von Abd el-Rahman erfahren, das Gerücht treibt, dafs seine maurischen Landsleute in Afrika von den Sarazenen arg bedrückt werden. Abd el-Rahman zieht sofort gegen den Rebellen zu Felde und belagert ihn in Puycerda (in Cerritanensi oppido). Munûsa kann infolge plötzlich eintretenden Wassermangels die Stadt nicht halten;

---

*) cf. R. Dozy, histoire des musulmans d'Espagne jusqu'à la conquête de l'Andalousie par les Almoravides. 1861.

anfangs in ihr aus Sorge um seine Gattin zurückgehalten, flieht er schließlich in die benachbarten Berge. Mit der Einnahme der Stadt gerät seine Gattin in die Hände des Siegers; er selbst wird von den Feinden verfolgt und stürzt sich, um wenigstens lebend der Gewalt der Sarazenen zu entrinnen, von einem Felsen herab (cavillando sagt Pac.).*) Munûsas Kopf und seine Gattin werden dem Chalifen nach Damaskus übersandt (Pac. 58).

Conde hat Munûsa mit dem bei Pac. 57 erwähnten Othman identifiziert. Lembke und Aschbach folgen ihm hierin. Abgesehen von allen inneren Gegengründen verbietet des Pac. Bericht diese Annahme mit aller Entschiedenheit.

Abd el-Rahman unternimmt einen Feldzug ins Frankenreich. Zwischen Garonne und Dordogne stöfst er mit Herzog Eudo zusammen, den er schlägt und zur Flucht zwingt (Pac. 59 solus Deus numerum morientium vel pereuntium recognoscat). Den fliehenden Eudo verfolgend, verwüstet und verbrennt er überall die Kirchen und Pfalzen. Auf dem Marsche nach Tours, dessen reiche Kirche er zu plündern beabsichtigt, stöfst er auf Karl Martell, der auf Eudos Bitten den Kampf gegen Abd el-Rahman aufgenommen hat. Karl ist consul Franciae interioris Austriae und wird als vir ab ineunte aetate belliger et rei militaris expertus geschildert. Vor der Schlacht heifst es bei Pac.: dum pene per septem dies utrique de pugnae conflictu excruciant. Ranke übersetzt diese Worte: „Die Heere standen Front gegen Front einander gegenüber". Lembkes Übersetzung „man erprobte gegenseitig den Mut in einzelnen Kämpfen" scheint mir richtiger zu sein. Lembke schliefst sich der Auffassung Roderichs an, der Kap. 14 schreibt „cum per septem dies bellis particularibus sese impeterent". Die Schilderung der Schlacht bei Pac. ist äufserst lebendig (59). Fest wie die Mauern und wie starre Eismassen stehen die Franken. Dank ihrer überlegenen Körperkraft spalten sie den Arabern mit ihren Schwertern die Köpfe bis auf die Brust herab (ferrea manu per ardua pectorabiliter ferientes). So werden die Araber besiegt, selbst ihr Führer Abd el-Rahman fällt, erst die einbrechende Dunkelheit trennt die Kämpfenden. Am nächsten Morgen bietet sich den

---

*) Cavillando deutet Ranke treffend „gleichsam die Feinde verlachend, verspottend". Tailhan fafst cavillare als „vom Schwindel ergriffen werden". Doch Pac. berichtet, dafs sich Munûsa freiwillig herabgestürzt habe. Aufserdem pafst bei einem unbeabsichtigten Verunglücken der Finalsatz ne vivus comprehenderetur gar nicht. Roderich von Toledo läfst cavillando wohlweislich fort.

Augen der erstaunten Franken ein seltsamer Anblick dar. Die grofse Menge der sarazenischen Lagerzelte steht verlassen da; die Feinde sind heimlich in der Nacht entwichen und haben ihr Lager im Stiche gelassen, das nun eine Beute der siegesfrohen Franken wird.

Allein schon dieses Berichtes der Schlacht bei Tours und Poitiers wegen ist Pac. eine interessante und wertvolle Quelle. Was zunächst den Herzog Eudo anbetrifft, so berichten die Araber meist, dafs er beim ersten Zusammenstofs mit Abd el-Rahman, also vor der grofsen Entscheidungsschlacht gefallen sei (Conde 25). Das ist nach Pac. nicht der Fall, denn erst auf Eudos Bitten rückt Karl Martell gegen die Araber vor. Wie verkehrt diese Verhältnisse bei den fränkischen Chronisten geschildert werden, die aus Schmeichelei gegen die Karolinger den aquitanischen Herzog Eudo in möglichst schlechtem Lichte schildern, geht z. B. aus den annales Laurissenses minores (Mon. I, 114) hervor, wo die Sache so dargestellt wird, als habe Eudo die Sarazenen gegen Karl ins Land gerufen. Wir werden dem Pac., der dieser Zeit so nahe steht, mehr Glauben schenken, freilich nicht soweit gehen, dafs wir aus dem Schweigen des Pac. über eine Reibung zwischen Karl und Eudo diese überhaupt abläugnen. Die Nachrichten der Araber über den Sieg Karls sind nicht viel wert. Auch Condes langatmiger Bericht ist nur mit Vorsicht zu gebrauchen. Die Araber gehen alle schnell über den peinlichen Gegenstand hinweg. In ein bis zwei Zeilen erwähnen sie kurz das Faktum der Niederlage, berichten dann aber in aller Breite, dafs Karl Narbonne vergeblich belagert habe.*) Pac., der spanische Geschichte schreiben will, hält sich bei den der Schlacht folgenden Ereignissen nicht weiter auf, sondern kommt zu dem nächsten Wali Abd el-Malik.

Bei Abd el-Maliks Ankunft ist Spanien im besten Zustande. Von all den Greueln und Verwüstungen, die die Jahre 711 und 712 über das Land gebracht haben, hat es sich vollkommen wieder erholt. Allein Abd el-Malik saugt Spanien in solch systematischer Weise aus, dafs es nicht nur alles Wohlstandes bar wird, sondern kaum Aussicht behält, jemals seine frühere Blüte wiederzuerlangen. Auf des Chalifen Hischâm mahnende Anfrage, weshalb er nichts gegen die Franken unternehme, rückt Abd el-Malik von Cordoba aus gegen das Frankenreich vor. Doch schon in den Pyrenäen wird seinem

---

*) cf. Cardonne, histoire de l'Afrique et de l'Espagne sous la domination des Arabes. Paris 1765. C. bietet I, 128 ff. eine Reihe von arabischen Berichten über die Schlacht, aus denen das oben Gesagte hervorgeht.

Unternehmen ein Ziel gesetzt. Christen, die die Berggipfel besetzt halten, hindern seinen Weitermarsch. Mit grofsen Verlusten mufs er sich in die Ebene zurückziehen (Pac. 60 convictus de Dei potentia, a quo Christiani tandem perpauci montium pinnacula renitentes praestolabant misericordiam). Nach Pac. mifslingt demnach der Plan Abd el-Maliks so vollkommen, dafs der Wali überhaupt nicht ins Frankenland hineinkommt. Hier differiert er von Conde (26), der nach den Arabern von einem siegreichen Zuge Abd el-Maliks zu berichten weifs. Doch man wird darauf nicht viel zu geben brauchen, denn diese glorreichen Züge ins Frankenreich sind beinahe ein stehendes Schmuckstück der spanischen Walis in den arabischen Darstellungen.

Die hier (Pac. 60) erwähnten Christen hält Tailhan mit Recht für dieselben, von denen Pac. Kap. 36 erzählt, dafs sie vor Mûsá in die Berge geflohen seien. Ranke sieht in ihnen die ersten Anfänge, aus denen sich später die christlichen Reiche entwickelten; die Stelle Kap. 36 ist ihm also entgangen.

Die Strafe für den mifsglückten gallischen Feldzug ereilt den Abd el-Malik bald. Um an seiner Stelle das Regiment zu übernehmen, erscheint auf Befehl des Chalifen Ocba in Spanien. Dieser entwickelt eine rege Thätigkeit. Zunächst legt er seinen Vorgänger in Fesseln und straft dessen Beamte, dann erläfst er eine grofse Anzahl von Gesetzen, nimmt eine Schätzung des Volkes vor und überwacht streng das richtige Einkommen des Tributes, wie er überhaupt bei jeder Gelegenheit für Bereicherung des Fiskus Sorge trägt. Verbrecher deportiert er aus Spanien nach Afrika, und, jeder Bestechung unzugänglich, richtet er gerecht nach den von ihm selbst erlassenen Gesetzen (Pac. 61 neminem nisi per justitiam propriae legis damnat).*)

Auch einen Feldzug gegen die Franken unternimmt er. Doch kaum ist er bis Saragossa gekommen, da ereilt ihn die Nachricht von einem grofsen Berberaufstande in Afrika. Schnell eilt er nach Cordoba zurück und bricht mit der gesamten sarazenischen Streitmacht zur Bekämpfung der Aufständischen auf. Er überschreitet die Küstengebirge Granadas**) und setzt nach Afrika über. Streng schlägt

---
*) Ranke (Weltgesch. V, 2, 290) liest hieraus, Ocba habe den Christen gestattet, nach ihren eigenen Gesetzen zu leben. Doch die Notiz kurz vorher ceremonias legis exagerat scheint mir mit unserer Stelle in Beziehung gesetzt werden zu müssen. — Auch der sonstige Gebrauch des Wortes proprius bei Pac. bestätigt die im Text gegebene Auslegung der Stelle.

**) Der Text lautet: „Cordubam repedat, transductis promontoriis sese receptat . . . . navibus adventatis maria transnatat," d. h. „er eilt nach Corer hier den Aufstand nieder, wobei sein Zorn sich besonders gegen die Sekte der Charuriten richtet, die zu der Revolte in nahen Beziehungen stand. So ordnet er alles aufs beste, läfst von den sizilischen Häfen aus Afrika beobachten (Trinacrios portus pervigilando) und kehrt nach Cordoba zurück. Hier sieht er sich infolge einer Krankheit, die ihn sein nahes Ende fühlen läfst, veranlafst, dem Abd el-Malik die spanische Herrschaft wiederanzuvertrauen. Bald darauf stirbt er (Pac. 61).

In Bezug auf das Verhältnis des Ocba zu Abd el-Malik differieren die arabischen Nachrichten stark von Pac. Während er berichtet, dafs Ocba den Abd el-Malik in Fesseln geschlagen, später aber, kurz vor seinem Tode, ihm die Herrschaft aufs neue übertragen habe, lauten die arabischen Berichte sehr verschiedenartig. Nach den einen wird Abd el-Malik Befehlshaber der Reiterei an der Grenze (Conde 27), nach den andern wird er von Ocba aus Spanien vertrieben (Murphy p. 76).*) Cardonne (I, 134) hat sogar aus einem Araber die Nachricht geschöpft, Abd el-Malik habe sich mit Hülfe der Berber gegen Ocba empört und ihn getötet. Auch das Verzeichnis der spanischen Walis bei el-Râzí (Casiri II, 325) berichtet von gewaltsamer Vertreibung Ocbas. Es liegt kein zwingender Grund vor, diesem bunten Gemisch von einander widersprechenden Nachrichten den Vorzug vor den Worten des gleichzeitigen Pac. zu geben.

Abd el-Malik ist zum zweiten Male Wali von Spanien geworden (Pac. 63 consensu omnium eligitur in regno Arabum). Unter ihm will Baldsch mit den Trümmern des am Mafanusflusse von den afrikanischen Mauren geschlagenen Chalifenheeres von Afrika aus nach Spanien übersetzen. Abd el-Malik, der für seine Herrschaft fürchtet, sucht dies zu verhindern, indem er ihm Schiffe zur Überfahrt versagt. Da empören sich plötzlich auch die spanischen Mauren; ihre Absicht ist, mit den afrikanischen Stammesgenossen gemeinsame Sache zu machen und die Herrschaft der Araber abzuschütteln. In drei Heeres-

doba, marschiert gen Süden, übersteigt die Küstengebirge und schifft sich nach Afrika ein". Tailhan sieht in den promontoria die Sierra Morena, doch auch in der mittelalterlichen Latinität heifst promontorium stets Vorgebirge. Es sind die hart ans Meer stofsenden Gebirge von Granada gemeint. Wir haben hier dieselbe Wendung wie Kap. 34, nur ist die Richtung der marschierenden Truppe die entgegengesetzte. Kap. 34 bezieht sich das transductis promontoriis auf die von Afrika nach Spanien kommenden und hier (Kap. 61) auf die sich aus Spanien nach Afrika einschiffenden Araber.

*) Murphy, history of the Mahometan empire in Spain. London 1816.

säulen dringen sie gegen Abd el-Malik vor, eine rückt gegen Toledo, die zweite gegen Cordoba und die dritte gegen den Hafen Septitanus, um die allenfalls von den beiden anderen Heerhaufen geschlagenen und zum Meere flüchtenden Araber abzufangen. Doch der Plan wird vereitelt, Abd el-Maliks Sohn Omeija verteidigt tapfer sieben und zwanzig Tage lang das belagerte Toledo und reibt schliefslich das aufständische Heer, das sich nach Aufgabe der Belagerung zurückgezogen hat, nicht weit von Toledo völlig auf. Das zweite maurische Heer wird durch den Araber el-Muzor von Cordoba zurückgeworfen, und das dritte wird von Baldsch, dem Abd el-Malik, weil er seiner Hülfe bedurfte, doch noch Schiffe zur Überfahrt gewährt hat, vernichtet. Die Maurengefahr ist beseitigt. Nun fordert Abd el-Malik den Baldsch brieflich auf, Spanien wieder zu verlassen. Allein dessen Pläne sind andere. Statt dem Befehle Folge zu leisten, rückt er gegen Cordoba vor, schlägt das Heer, das Abd el-Malik ihm unter Abd el-Rahman entgegenschickt, und bemächtigt sich Cordobas und der Person des Abd el-Malik, dessen Söhne*) mit den Truppen fern sind und dem Vater nicht zu Hülfe eilen können. Baldsch läfst den Abd el-Malik unter entsetzlichen Martern töten und nimmt so Rache dafür, dafs dieser ihm nicht gutwillig, sondern erst notgedrungen den Weg nach Spanien geöffnet hat (Pac. 64 u. 65).

Die Nachricht, die fast alle Araber haben, dafs Abd el-Maliks Leichnam gekreuzigt und neben demselben ein Hund und ein Schwein ans Kreuz geheftet seien (el-Mukkarí II, 38/9), hat Pac. nicht. Diese Grausamkeit, mit der hier Araber gegen Araber wüten, wird erst verständlich, wenn man ihren tieferen Grund erwägt. In diesem Kampfe mit Baldsch lodert noch einmal der alte Gegensatz der Mediner und der Mekkaner auf. Abd el-Malik, der Koreischite, ist ein Mediner, Baldsch mit seinen Syrern der Feldherr der Omeijaden.

Für die weiteren Kämpfe zwischen Baldsch und Omeija verweist Pac. auf seine andere Chronik, die ausführlich von diesen Kämpfen handle. Gewaltig sind sie gewesen, quantum humana vix narrare praevaleat lingua; und Spanien hat schwer darunter leiden müssen. Nequaquam ea ignorat omnis Hispania, ruft Pac. in patriotischem Schmerze aus (65).

Während in Spanien noch der Bürgerkrieg tobt, kommt Abû l'Khattâr, ein Kelbite, der neuernannte Wali. Mit Hülfe seiner aus

---
*) Dafs Pac. mehrere Söhne des Abd el-Malik kennt, beweist Pac. 65: reperiens Abdilmelic a filiis suis desolatum. Gegen Tailhan 47⁶.

Afrika mitgebrachten Truppen bringt er mit kräftiger Hand Ruhe in das erregte Land. Die Hauptruhestörer bedenkt er mit militärischen Kommandos in Afrika. Allein sein straffes Regiment erregt bald Mifsstimmung. Die unzufriedenen Elemente, die Kaisiten, beschliefsen seinen Sturz. An ihrer Spitze steht Çomail, ein vir gentis suae auctoritate praecinctus, d. h. ein vornehmer Kaisite. Durch eine Scheinflucht dieses Çomail aus Cordoba gelingt es, den Abû 'l-Khattâr aus seinem Herrschersitze herauszulocken. Der Wali verfolgt den Flüchtling, um den sich mittlerweile die Verschwörer mit ihrem Anhang gesammelt haben, und ereilt ihn bald. Es kommt zur Schlacht, in der Abû 'l-Khattâr mit Leichtigkeit geschlagen wird, da die Seinen fast alle zu den Aufständischen übergehen. Die wenigen Getreuen werden getötet, er selbst entkommt mit nur drei Gefährten (Pac. 68). Thoâba, ein vir belliger et genere plenus, der den Plan des Çomail sehr lebhaft unterstützt hat, wird an Abû 'l-Khattârs Stelle Wali. Der Vertriebene versucht noch wiederholt, sich wieder in den Besitz seiner Herrschaft zu setzen, wird aber bei diesen Versuchen verschiedentlich geschlagen und schliefslich mit allen seinen Anhängern getötet (Pac. 70 ff.).

Nach Thoâbas Tode wird Jûsuf zum rector Hispaniae gewählt ab omni senatu palatii (Pac. 75). Er läfst eine Volkszählung zwecks Regelung der Steuern vornehmen und befiehlt, die Namen der Christen, die in den vielen Kämpfen umgekommen sind, aus den öffentlichen Steuerlisten (a publico codice scrinarii) zu streichen. Über seine kriegerische Thätigkeit erfahren wir nicht viel. Pac. sagt nur kurz, dafs die Araber unter ihm neue Unruhen erregt haben, jedoch bei dem Versuche, ihn zu stürzen, selbst zu Grunde gegangen sind (78).

Die Angaben des Pac. über die Zeit des Abû 'l-Khattâr, des Thoâba und des Jûsuf sind schon sehr summarisch. Er eilt dem Ende zu. Zweimal macht er auf sein anderes, leider verlorenes zeitgeschichtliches Werk aufmerksam, in dem der Leser Aufschlufs finden werde sowohl über die afrikanischen Kämpfe zwischen Colthûm und den Mauren als auch über die Ereignisse in Spanien.

Die arabischen Historiker differieren in manchen Punkten von den letzten Partieen des Pac. Aus dem Theudimerfragment können wir entnehmen, dafs Baldsch, als Abû 'l-Khattâr nach Spanien kam, noch eine Rolle auf dem spanischen Kriegsschauplatze spielte. Nach den Arabern ist Baldsch schon vor Abû l'Khattârs Ankunft gegen Abd el-Rahman gefallen (el-Makkarî II, 44). Sie melden, dafs

Thoâba getötet sei (Cardonne I, 145, Murphy 78). Pac. erwähnt ausdrücklich, daſs er eines natürlichen Todes gestorben sei. Auch über Abu 'l-Khattâr ist ihre Überlieferung im einzelnen eine andere. Pac., der hier schildert, was er mit eigenen Augen gesehen, ist ein glaubwürdiger Zeuge. Wertvoll sind auch seine zuletzt freilich nur noch skizzenhaften Nachrichten über die administrative Thätigkeit Jûsufs, dieselben finden sich sonst nirgends.

Wir sind am Ende. Aus der genauen Durchmusterung des gesamten Nachrichtenmaterials der beiden Chroniken im Vergleich mit den arabischen Autoren ergiebt sich, daſs wir im Con. und im Pac. wertvolle historische Quellen vor uns haben.

Die Kenntnis des Con. von den ersten Zeiten des Islam ist freilich unzulänglich und noch dazu chronologisch verwirrt. Con. bietet uns weniger den wahren historischen Thatbestand als die zu seiner Zeit geläufige mündliche Tradition, die den Stifter als den Vollender alles dessen hinstellt, was erst die allmähliche Entwicklung gezeitigt hat. So fehlt dem Con. auch eine tiefere Kunde über die Genesis des Islam, und der Gegensatz der Mekkaner und Mediner ist ihm unbekannt. Er überschaut ferner — und das ist ein wichtiges Moment in seiner Beurteilung — die muhammedanische Geschichte rein vom Standpunkt der Omeijaden aus. Daſs mit Othman die mekkanische Aristokratie ans Ruder gekommen ist, erwähnt er gar nicht ausdrücklich. Die Omeijaden sind ihm die legitimen Chalifen, Ali wird keines Wortes gewürdigt. Höchst wertvoll ist das, was Con. über die seiner Zeit näheren Chalifen berichtet. Um nur einige wichtige Punkte herauszugreifen: den Zusammenbruch des letzten Restes der byzantinischen Herrschaft in Nordafrika hat weder ein arabischer noch ein byzantinischer Schriftsteller so klar geschildert, wie der Nordafrikaner Con. Die günstige Beurteilung, die er den Chalifen Jazid und Mu'âwia widerfahren läſst, werden wir um so höher zu schätzen wissen, wenn wir bedenken, daſs sie ganz einzigartig und den arabischen Historikern, die sämtlich jünger sind, diametral entgegengesetzt ist. Nirgends wird uns der interessante Friede, den Marwân mit Ostrom schlieſst, so detailliert berichtet, und kein Araber bietet uns so bestimmte Nachrichten über die gänzlich miſslungene Belagerung Konstantinopels unter Suleimân wie Con.

Sein Excerptor und Fortsetzer Pac. steht ihm würdig zur Seite
Dieser giebt vor allem Geschichte Spaniens, nicht die der Araber.
Die Araber interessieren ihn nur als Eroberer Spaniens, deshalb entnimmt er bis zur spanischen Eroberung alles aus Pac. Von da an
wird er originale Quelle und hat als Augenzeuge Anspruch auf vorwiegende Berücksichtigung. Von dem, was er über die Geschichte
der Goten mitteilt, sprachen wir schon früher im Zusammenhange.
Wie wichtig es ist, daſs wir besonders über die letzten Zeiten des
Westgotenreiches einen Zeitgenossen als Quelle besitzen, lehrt das
Beispiel des Witiza. Wie hebt sich das geschichtlich treue Bild
dieses Fürsten bei Pac. von dem ab, das die tendenziös gefälschte
Historiographie der späteren Jahrhunderte hervorgebracht hat. Über
den Ausgang des Witiza und den Anfang des Roderich schweigt Pac.
leider. Alle Anzeichen sprechen dafür, daſs hier gröſsere Partieen
der ursprünglichen Chronik verloren gegangen sind. Auch über die
Eroberung Spaniens möchten wir gern noch mehr erfahren. Über
das, was Pac. giebt, können wir das Urteil fällen, daſs seine Darstellung der arabischen Invasion zwar eine gedrängte, sich nur auf
die Hauptsachen beschränkende ist, dafür aber sich eng an die
Thatsachen anlehnt, so daſs sie vor den vielen novellenartigen Berichten der Araber, die den Pac. in keinem wichtigen Punkte ergänzen, dagegen von ihm sehr wesentlich korrigiert werden, den
unbedingten Vorzug verdient.

Von eigenartigem Interesse sind des Pac. Nachrichten über die
arabischen Walis in Spanien. Geschwätzigkeit kann man ihm auch
hier nicht vorwerfen. Wie immer, schildert er sehr knapp, aber was
er bietet, hat Wert. Dazu sind seine Nachrichten, wenn wir von
Mûsâ und Abd el-'Azîz absehen, objektiv und unparteiisch. Besonders dankbar können wir ihm sein für die Notizen über die Verwaltungsthätigkeit der Walis, die sich auf Steuerwesen, Regelung der
Besitzverhältnisse, Landaufteilungen u. a. beziehen. Darüber geben
die arabischen Historiker so gut wie nichts. Bei ihnen stehen die
Waffenthaten der Walis, vor allem ihre Züge ins Frankenreich, im
Vordergrunde. Aber auch hier können wir des Pac. nicht entraten,
denn auch er widmet den Frankenzügen seine Aufmerksamkeit,
und die Araber werden nicht selten durch ihn berichtigt. So gehört
z. B. der den Arabern geläufige Zug Mûsâs über die Pyrenäen ins
Reich der Fabel, was sich aus Pac. beweisen läſst. Pac. giebt auch
gute Aufschlüsse über die Kämpfe der Walis mit Eudo und Karl

Martell, und sein eingehender Bericht über die Schlacht bei Tours und Poitiers bietet des Interessanten genug. Die fränkischen Annalisten, die aus Devotion gegen das Herrscherhaus den Aquitanier Eudo schlechter behandeln, als er es verdient, werden von Pac. Lügen gestraft. Aus seiner Schilderung der Thätigkeit der Walis el-Haitham, Abd el-Rahman und Abd el-Malik gewinnen wir einen Einblick in das damalige muhammedanische Parteigetriebe in Spanien, und wir lernen einsehen, wie der alte Stammesgegensatz zwischen den Kelbiten und Kaisiten selbst im fernen Spanien noch die Araberherrschaft bis in ihre Grundfesten hinein erschüttern kann. In dem Kampfe des Wali Abd el-Malik mit dem Heerführer Baldsch haben wir Gelegenheit, den letzten Kampf der syrischen Omeijaden und der Medinor, der sich auf spanischem Boden vollzog, zu beobachten. Und alles dies wird uns mit lebhafter Anschaulichkeit geschildert, wie das eben nur bei einer gleichzeitigen, mitten aus jener Zeit heraus erwachsenen Schrift möglich ist.

Mit dem Wali Jûsuf schliefst Pac. ab. Den Abd el-Rahman, den Enkel des Hischâm, den Begründer der selbständigen Omeijadendynastie in Spanien, erwähnt er nicht.

Von dem Widerstande der spanischen Christen, dem die Walis gelegentlich zu begegnen haben, erfahren wir; dagegen suchen wir nach der sagenumwobenen Figur des christlichen Freiheitshelden gegen die Mauren, des Pelagius, vergebens. Von den Anfängen des asturischen Reiches, die sich sicher schon in der Zeit des Pac. vollzogen, weifs eben unser Autor noch nichts.

Parallelentabelle.

Tabelle A.

Con.	Pac.	Con.	Pac.
Kap. 6 =	Kap. 1.	Kap. 30 =	Kap. 21.
„ 7 =	„ 1.	„ 31 =	„ 17.
„ 8 =	„ 1.	„ 32 =	„ 23.
„ 9 =	„ 6.	„ 33 =	„ 16 u. 18.
„ 10 =	„ 1.	„ 34 =	„ 18.
„ 11 =	„ 1 u. 2.	„ 35 =	„ 25.
„ 12 =	„ 3.	„ 36 =	„ 24.
„ 13 =	„ 8.	„ 37 =	„ 19.
„ 14 =	„ —	„ 38 =	„ —
„ 15 =	„ 3 u. 4.	„ 39 =	„ 29.
„ 16 =	„ 9.	„ 40 =	„ 27.
„ 17 =	„ 10.	„ 41 =	„ 20 u. 30.
„ 18 =	„ 4.	„ 42 =	„ 20.
„ 19 =	„ 10.	„ 43 =	„ 30 u. 34.
„ 20 =	„ 4.	„ 44 =	„ 31. 32. 33.
„ 21 =	„ 11.	„ 45 =	„ 33 u. 40.
„ 22 =	„ 5.	„ 46 =	„ 43. 44. 46.
„ 23 =	„ 12.	„ 47 =	„ 41 u. 43.
„ 24 =	„ 13.	„ 48 =	„ 50.
„ 25 =	„ 5.	„ 49 =	„ 44 u. 46.
„ 26 =	„ 15.	„ 50 =	„ 47.
„ 27 =	„ 14.	„ 51 =	„ 48.
„ 28 =	„ 12 u. 16.	„ 52 =	„ 55.
„ 29 =	„ 14 u. 16.		

Tabelle B.

Pac.	Con.	Pac.	Con.
Kap. 1 =	Kap. 6. 7. 8. 10. 11.	Kap. 9 =	Kap. 16.
„ 2 =	„ 11.	„ 10 =	„ 17 u. 19.
„ 3 =	„ 12 u. 15.	„ 11 =	„ 21.
„ 4 =	„ 15. 16. 17. 18. 19. 20.	„ 12 =	„ 23 u. 28.
„ 5 =	„ 22 u. 25.	„ 13 =	„ 24.
„ 6 =	„ 9.	„ 14 =	„ 27 u. 29.
„ 7 =	„ —	„ 15 =	„ 26.
„ 8 =	„ 13.	„ 16 =	„ 28. 29. 33.

Pac.	Con.	Pac.	Con.
Kap. 17 =	Kap. 31.	Kap. 37 =	Kap. —
„ 18 =	„ 33 u. 34.	„ 38 =	„ —
„ 19 =	„ 37.	„ 39 =	„ —
„ 20 =	„ 41 u. 42.	„ 40 —	„ 45.
„ 21 =	„ 30.	„ 41 =	„ 47.
„ 22 =	„ —	„ 42 =	„ —
„ 23 =	„ 32.	„ 43 =	„ 46 u. 47.
„ 24 =	„ 36.	„ 44 =	„ 46 u. 49.
„ 25 =	„ 35.	„ 45 =	„ —
„ 26 =	„ —	„ 46 =	„ 43 u. 49.
„ 27 =	„ 40.	„ 47 =	„ 50.
„ 28 =	„ —	„ 48 =	„ 51.
„ 29 =	„ 39.	„ 49 =	„ —
„ 30 =	„ 41 u. 43.	„ 50 =	„ 48.
„ 31 =	„ 44.	„ 51 =	„ —
„ 32 =	„ 44.	„ 52 =	„ —
„ 33 =	„ 44 u. 45.	„ 53 =	„ —
„ 34 =	„ 43.	„ 54 =	„ —
„ 35 =	„ —	„ 55 =	„ 52.
„ 36 =	„ —		

Inhaltsverzeichnis.

Einleitung 5
Teil I. Die sog. continuatio Johannis Biclariensis 7
  § 1. Der Text der sog. continuatio Joh. Bicl. 7
  § 2. Der Verfasser der sog. continuatio Joh. Bicl. 12
  § 3. Die Abfassungszeit der sog. continuatio Joh. Bicl. 16
Teil II. Die Chronik des sog. Isidorus Pacensis 17
  § 1. Die Abfassungszeit der Chronik 17
  § 2. Das Verhältnis der Chronik des sog. Isidorus Pacensis zu der sog. continuatio Johannis Biclariensis 18
  § 3. Der Verfasser der Chronik 24
  § 4. Sprache, Stil und litterarische Form der Chronik 33
  § 5. Der Name Isidorus Pacensis 39
  § 6. Die anderen Werke des sog. Isidorus Pacensis 42
Teil III. Übersicht und Prüfung der Nachrichten der beiden Chroniken 43
  § 1. Die Nachrichten über die byzantinischen Kaiser 44
  § 2. Die Nachrichten über die Chalifen bis zum Untergange der Omeijaden 47
  § 3. Die Nachrichten über die Westgotenkönige 64
  § 4. Der Bericht über die Eroberung Spaniens 71
  § 5. Die Nachrichten über die arabischen Walis in Spanien von Mûsâ bis Jûsuf 80
Parallelentabelle 98

Lebenslauf.

Geboren bin ich, Ludolf Schwenkow, am 30. Juni 1865 in Göttingen als Sohn des Lehrers Carl Schwenkow. Ich gehöre der evangelisch-lutherischen Kirche an. Von Michaelis 1874 an besuchte ich das Königliche Gymnasium zu Göttingen, das ich Ostern 1884 mit dem Zeugnis der Reife verliefs. Von da an studierte ich zunächst Theologie und dann Philologie, insbesondere Geschichte, auf der Georg-Augusts-Universität zu Göttingen und hörte hier die Vorlesungen der Herren Professoren Baumann, Bertheau, Duhm, Goedeke, v. Kluckhohn, de Lagarde, Mirbt, G. E. Müller, Reuter, Ritschl, Schultz, Steindorff, Volquardsen, Wagenmann, Weiland, Wiesinger.

Ich war Mitglied des neutestamentlichen Seminars unter Leitung des Herrn Professor Wiesinger und des Königlichen pädagogischen Seminars unter Leitung des Herrn Professor Geheimrat Sauppe. An den von den Herren Professoren Kluckhohn, Steindorff, Volquardsen, Weiland veranstalteten historischen Übungen habe ich mehrere Semester teilgenommen. Allen meinen verehrten Lehrern, insonderheit Herrn Professor Weiland, sage ich hiermit meinen aufrichtigen Dank. Februar 1889 legte ich vor der Königlichen Wissenschaftlichen Prüfungs-Kommission in Göttingen mein Staatsexamen ab. Meine beiden Probejahre habe ich an den Königlichen Gymnasien zu Göttingen und zu Celle absolviert. Seit Michaelis 1892 bin ich als erster wissenschaftlicher Lehrer an der städtischen Höheren Töchterschule zu Celle angestellt.